하루 10분 책 육아

READING MAGIC
Copyright©2001 by by Mem Fox
All rights reserved

Korean translation copyright©2015 by E*PUBLIC KOREA CO.,LTD.
Korean translation rights arranged with Jenny Darling & Associates
through EYA(Eric Yang Agency).

이 책의 한국어판 저작권은 EYA(Eric Yang Agency)를 통한
Jenny Darling & Associates사와의 독점계약으로
'(주)이퍼블릭 코리아'가 소유합니다.
저작권법에 의하여 한국 내에서 보호를 받는 저작물이므로
무단전재 및 복제를 금합니다.

하루 10분 책 육아

멤 폭스 지음 | 신예용 옮김

로그인

 머리말

하루 10분 책 읽어주기의 힘

정말 신난다! 2001년 《하루 10분 책 육아》가 처음 출간된 이후 어린아이들에게 '소리 내어 책 읽어주기' 운동은 내가 감히 상상도 못할 만큼 광범위하게 뻗어나갔다. 이제 사람들은 더 이상 소리 내어 책 읽어주기 운동을 단순히 재미 삼아 하는 교육 활동만으로 여기지 않는다. 오히려 다양한 이유로 전 세계가 소리 내어 책 읽어주기 열풍에 들끓는 것 같다. 분위기가 달라졌다. 태도도 바뀌었다. 우리가 이미 알고 있던 효과의 폭, 특히 두뇌 발달 측면에서 더욱 확장되고 있다. 오스트레일리아뿐 아니라 전 세계에서 '소리 내어 책 읽어주기'라는 말은 이제 유행어가 되었다. 나뿐 아니라 모두가 온통 들떠 있다.

지난 몇 년 동안 나는 저마다의 고유한 관점에서 "아이에게 소리 내어 책을 읽어주자"는 메시지를 널리 퍼뜨리는 수많은 사람들의 이야기를 들으며 함께 일해왔다. 소아과의사, 언어병리학자, 아동심리학자를 비롯하여 사회사업가, 사서, 경제학자, 보육 관련 종사자, 서점 주인, 정치가, 교사와 연구자들, 간병인, 언론계 유명인사, 부모 등 매우 열정적인 사람들이 무척 많았다. 지금껏 만났고, 또 현재 만나는 모든 사람들, 모든 단체, 모든 정부 관계자들은 아이들이 학교에 들어가기 전에 소리 내어 책을 읽어주어야 한다는 강력한 메시지를 전파하기 위해 열심히 노력하고 있다.

다소 무미건조하게 들릴지도 모르지만, 이 모든 상황은 결국 경제적 논리로 귀결된다. 하지만 아기와 어린아이에게 소리 내어 책을 읽어주자는 주장은 나라 전체가 더욱 잘살게 만드는 길이다. 이제는 정부도 아이들의 초기 글 읽기 능력을 계발하고 향상시키는 데 관심과 시간, 자금을 투자하는 것이 훗날 문맹률, 범죄, 빈곤, 실업 및 복지 혜택 문제를 해결하는 데 들일 예산을 절감하는 길임을 잘 알고 있다. 매우 어린 아이에게 소리 내어 책을 읽어주는 일이 가져올 비용 절감 효과는 경이로울 정도여서 정부 역시 소리 내어 책 읽어주기 관련 소식을 무척 반긴다.

소리 내어 책 읽어주는 소리를 듣고 자란 아이들이 더욱 행복하고 총명하게 성장할 수 있다면 나라 전체의 복지가 한 단계 더 높아진다는 것은 지극히 당연한 논리다. 아이는 생애 최초의 몇 주, 그리고 몇 달에 걸쳐 부모가 들려주는 이야기에 귀 기울이는 것이야말로 진정한 행복임을 깨닫는다. 책에는 즐거움과 재미와 생각의 자양분이 가득하다는 사실을 알게 된다. 이야기의 세계를 함께 나누는 동안 아이와 부모는 서로 사랑에 빠지게 된다.

생애 최초의 5년 동안 매일 10분간 소리 내어 책 읽어주는 소리를 들으며 자란 아이들은 대부분 빠르고 즐거우면서도 쉽게 읽는 법을 배운다. 지역공동체 전체를 위해서도 지극히 바람직한 일이다. 정말 멋진 소식이지 않은가! 내가 흥분을 가라앉히지 못하는 것도 당연하지 않은가!

《하루 10분 책 육아》가 처음 출간된 이후 나는 몇 년 동안 다음 두 개의 장을 새롭게 덧붙였다. 남자아이에게 책을 읽게 하는 방법을 다룬 내용, 그리고 손자가 태어나 할머니가 되면서 새롭게 깨달은 글 읽기 능력에 관한 통찰력을 다룬 완전히 새로운 장이 그것이다. 끝에 언급한 새로운 장은 가장 마지막에 추가했다. 여러분이 가장 흥미롭게 읽을 내용일지 모르겠다. 하지만 부디 처음부터 차례로 읽으면서 함께 세상을 바꾸어나가도록 하자.

멤 폭스

 베타테스터

선배 맘 이야기

저는 고등학생 아들 둘을 둔 엄마입니다. 아이들이 어렸을 때를 떠올려보면 항상 동화책이 함께했습니다. 아이를 무릎 위에 앉히고 함께 책을 읽으며 느꼈던 당시의 기분을 아직도 생생하게 기억합니다. 품안에 쏙 들어오던 아이의 토실토실한 몸의 느낌, 함께 보았던 아름답고 다양한 그림들, 나란히 누워 책을 읽으며 같이 웃고 울었던 기억……. 모두 소중한 추억들입니다. 저뿐 아니라 아이들도 좋았는지 책 읽자고 하면 서로 보고 싶은 책을 가지고 달려오곤 했습니다. 그 모습이 어찌나 사랑스럽던지요.

엄마와 함께 책을 읽으면 아이가 글자를 일찍 깨치기도 하고, 머리가 좋아져서 논리적이고 창의적인 능력이 계발된다고도 하지요. 하지만 그런 효과들은 차치하더라도, 엄마/아빠와 함께 책을 읽는다는 것은 아이와 함께 공유하는 추억과 느낌을 평생 간직하며 행복해하고, 책이라는 친구를 얻는 과정이라는 것만으로도 충분히 가치 있다고 생각합니다.

아이가 어렸을 때는 몇 페이지를 채 읽지 못했어요. 읽는 중간에 아이가 책장을 넘기기도 하고 종알종알 이야기를 하고 싶어 해 도무지 책을 읽기가 쉽지 않았습니다. 그럴 때는 아이의 이야기를 들어주고, 함께 맞장구치고, 그림 속의 수많은 이야깃거리에 대해 같이 얘기하는 것도 좋습니다. 책을 처음부터 끝까지 읽는 것보다 그런 교감이 더 중요할 때도 있으니까요. 아이들은 크면서 자연스럽게 줄거리를 궁금해하고 다음 장면이 중요하다는 것을 알게 되면서 곧 페이지를 넘겨가며 차근차근 읽고 싶어 할 때가 옵니다.

아들과 영어 그림책 《We are going on a bear hunt》를 읽고는 우리도 곰 사냥을 떠나자며 욕조에 물을 받아 첨벙거리며 걸어가고, 풀숲을 지난다며 비닐을 잔뜩 깔아놓고 바스락 소리를 내며 걷는 등 책을 읽고 놀이할 거리를 찾아 함께 재미있게 놀기도 했습니다.

저는 책 읽기가 끝난 뒤 독후감을 쓰라고 지시하지 않았고, 아이가 먼저 말하고 싶어 하기 전에는 느낌이나 생각 말하기를 강요하지 않았습니다. 책 읽기는 즐겁고 재미있다는 생각을 스스로 깨닫기를 바랐기 때문입니다.

당시는 엄마인 저도 무척 즐겁고 행복해서 아이와 책을 읽으며 노는 것이 결코 힘들지 않았습니다. 이런 과정을 숙제라고 생각하면 책 읽기와 책 놀이는 정말 부담스럽고 일처럼 느껴지게 마련입니다. 하루에 책 세 권을 반드시 읽어줘야지, 책 놀이를 해줘야지……. 이렇게 생각해서는 금방 지쳐서 꾸준히 해줄 수 없습니다. 큰 원칙은 세워두되 그날그날 엄마/아빠의 기분, 아이의 기분이 내키는 대로 해도 충분합니다. "오늘은 엄마가 많이 피곤해서 책을 못 읽겠어. 너희가 엄마한테 읽어주겠니"라고 부탁하면 아이는 그동안 들었던 내용을 떠올리며 신나게 이야기를 들려줄 거예요.

아들이 커서 초등학생이 되고 나서도 함께 책 읽기를 계속했습니다. 아들이 글을 읽을 수 있게 된 후에도 읽어달라고 부탁하면 소리 내어 책을 읽어주었습니다. 그때는 줄거리가 길고 내용이 풍부한 책을 골랐기 때문에 함께 나눌 이야깃거리가 훨씬 더 많았습니다.

 그럼에도 불구하고 때때로 아이들이 커가는 게 아쉽습니다. 함께 책을 읽을 수 있는 이 순간을 마음껏 즐기시길 바랍니다.

베타테스터 정미현
정미현 님의 아이들은 한국과학영재학교와
민족사관고에 재학 중입니다.

차례

머리말 하루 10분 책 읽어주기의 힘 004
베타테스터 선배 맘 이야기 008

제1부
책 읽어주기의 기적

1 기적이 일어나다
만 4살, 클로에 책을 읽다 019
함께하는 것만으로도 충분하다 021

2 마법을 시작하다
벤과 함께한 15분의 기적 024
이토록 달콤한 책 읽기의 경험 030

3 사랑받는 만큼 성장하는 아이들
하루에 3편씩 이야기 들려주기 034
텔레비전과는 소통할 수 없다 038
아이가 가장 원하는 것은 부모의 사랑 042

4 소리 내어 책 읽어주기의 힘
유명 작가들을 키운 책 읽어주는 선생님 047
조나스에게 가장 무서운 벌은… 050

제2부
어떻게 읽어주어야 할까

5 규칙적으로 읽어주어라

6개월 된 아기가 책을 좋아한다? 057
책 읽어주기는 빨리 시작할수록 좋다 058
가능할 때마다 자주 읽어주자 061
언제까지 읽어주어야 할까 064

6 책 읽어주기의 탁월한 방법들

책을 잘 읽어주어야 하는 이유 066
눈과 목소리로 책 읽어주기 068
7가지 목소리로 읽기 071
단어의 중요성 076
이야기에서 중요한 처음과 마지막 079

7 소리 내어 책 읽어주기 활용법

아이가 흥미를 잃지 않아야 한다 083
책 읽기는 놀이처럼 084
단어 찾기 놀이 089
글자에 관하여 095
글자 익히기 097
읽을 수 있다는 자신감이 중요하다 100
아이에게 독이 되는 과욕은 금물 102

8 책 읽어주는 부모라는 축복

책을 사랑하는 저스틴 이야기 105

제3부
읽기의 비결 3 : 활자, 언어, 지식

9 읽기의 첫 번째 비결 : 활자의 마법

　활자는 책 밖에도 많다 111

10 읽기의 두 번째 비결 : 언어의 마법

　동요 부르기와 시 읽기의 효과 116
　무엇을 예측하든 그 이상을 보여주는 아이들 121
　읽는다는 것은 '이해'한다는 것 127

11 읽기의 세 번째 비결 : 지식의 마법

　많이 경험할수록 책 읽기가 쉬워진다 130
　읽을 때 왜 지식이 필요할까 132

12 활자+언어+지식=?

　떼려야 뗄 수 없는 읽기의 비결 3가지 137
　많이 읽을수록 '추측'이 가능하다 140
　건너뛰며 읽기 143
　빨리 읽기 146
　읽는 속도를 늦추지 마라 148

제4부
책 읽어주는 환경

13 좋은 책과 나쁜 책
책이 있는 집 155   어떤 책을 어디서 사야 하나 158
어떤 책이 좋은 책인가 161   옛날이야기와 상상력 171

14 텔레비전, 켤까 끌까
텔레비전은 나쁘다? 175
책 읽기가 스트레스가 되어서는 안 된다 180

15 집에서의 책 읽기, 학교에서의 책 읽기
아이가 책 읽기를 꺼린다면 183   아이의 읽기를 응원하자 186

16 남자아이와 읽기
어릴수록 좋다 193   잠자리에 드는 시간 활용하기 195
읽기 배우기는 경쟁이 아닌 놀이 196   생애 최초 1년의 중요성 199
아빠와 함께 책 읽기 202

17 손자 테오에게 배운 것들
1킬로그램의 미숙아 테오 213
아이는 우리가 믿는 만큼 성장한다 218

아이에게 읽어주기에 좋은 책
멤 폭스 추천 어린이들이 사랑하는 책들 21 236
어린이도서연구회 연령별 우리작가 추천 도서 238

일러두기 원서에서 한국 실정에 맞지 않는 내용은 삭제 또는 수정하였음을 일러둡니다.

제1부

책 읽어주기의 기적

1

기적이 일어나다

만 4살, 클로에 책을 읽다

1975년 어느 날, 딸 클로에가 잔뜩 흥분한 채 집으로 돌아와 말했다. "나 읽을 수 있어." 당시 우리 애는 만 네 살이었고, 학교에 다닌 지는 고작 2주밖에 되지 않았다. 우리 부부는 부모들이 자기 아이가 귀엽다는 생각이 들 때면 으레 그렇듯 너그러운 미소를 지었다. 읽을 줄 안다고? 농담을 하는 게 틀림없었다.

클로에는 자기 방으로 달려가 닥터 수스의 《더 풋 북The Foot Book》을 들고 왔다. 당시 클로에가 제일 좋아하는 책 중 한 권이었다. 그런 다음 감정을 실어 한 단어 한 단어씩 읽기 시작했다. 남편과 나는 어리둥절하기만 했다.

클로에가 정말로 책을 읽을 수 있는 걸까? 그동안 그 책을 워낙 많이 읽어주었으니 책의 내용을 외우고 있는지도 몰랐다. 클로에의 순수한 열정을 꺾고 싶지는 않았다. 나는 잠시 주저하다가 용기를 내어 책의 아무 페이지나 펼쳤다. 클로에가 책을 처음부터 외우는 것이 아니라 실제로 읽을 수 있는지 확인하기 위해서였다. 클로에는 그 페이지를 읽었다! 이후에도 아무렇게나 펼친 다른 페이지를 읽고, 또 다른 페이지를 읽었다.

당시 나는 대학에서 희곡을 가르쳤지만 아이에게 글을 읽고 쓰는 능력을 가르치는 방면에 대해서는 아는 게 전혀 없었다. 나는 그저 보통 엄마였을 뿐이다.

다음 날 나는 클로에의 학교로 쫓아가 선생님에게 전날 있었던 일을 이야기했다.

"도대체 어떻게 하신 거예요? 어떤 방법을 쓰신 거죠? 기적이 일어났어요!" 나는 호기심에 가득 차 물었다.

"제가 한 일은 별로 없어요. 가르친 지 딱 2주밖에 안 됐는데 무슨 일을 할 수 있었겠어요. 저보다는 어머니의 영향이 큰 것 같아요. 클로에가 학교에 입학하기 전에 어머니께서 자주 책을 읽어주셨나 봐요."

"물론이에요."

"역시 그렇군요. 그럴 줄 알았어요." 선생님은 지극히 당연한 일이라는 듯이 대꾸했다.

그 순간부터 나는 소리 내어 책 읽어주기의 효과에 매혹되었다. 내 강사 경력이 희곡에서 읽고 쓰는 능력에 대한 분야로 바뀌는 결정적인 순간이었다. 만약 소리 내어 읽기가 클로에의 삶과 읽기 능력에 그토록 놀라운 영향을 끼친 것이 사실이라면 나로서는 이 사실을 숨겨야 할 이유가 전혀 없었다. 아니, 오히려 이 소식을 널리 퍼뜨려야 했다.

함께하는 것만으로도 충분하다

지난 25년 동안 나는 아이들이 어떻게 글을 쓰고 읽는 방법을 배우는지, 그리고 아이들에게 소리 내어 책을 읽어주는 것이 어떤 긍정적인 영향을 미치는지에 대해 상당히 많은 연구를 했다. 이제는 전국을 돌아다니며 부모와 교사, 사서, 서점 관

수많은 이야기를 함께 나누는 사이 서로를 더 잘 알고 많이 사랑하게 되었다. 하지만 규칙적으로 책을 읽어주는 일이 클로에가 저절로 책을 읽는 방법을 터득하게 해주는 길이라는 점은 미처 알지 못했다.

함께하는 것만으로 충분했으니까.

제1부 책 읽어주기의 기적

계자들과 이야기를 나누고, 만나는 모든 사람들에게 아이들에게 소리 내어 책을 읽어줄 것을 권하며 그 이유를 설명하고 있다. 국제 리터러시literacy, 글을 읽고 쓰는 능력 전문가로서의 권위와 작가로서의 진지함을 담아 설명하지만 평범한 엄마로서 이야기할 때 가장 열정적이다.

내 딸에게 책을 읽어주는 일은 정말로 근사한 경험이었다. 온갖 종류의 놀라운 책들이 우리를 연결해주었다. 수많은 이야기를 함께 나누는 사이 서로를 더 잘 알고 많이 사랑하게 되었다. 하지만 규칙적으로 책을 읽어주는 일이 클로에가 저절로 책을 읽는 방법을 터득하게 해주는 길이라는 점은 미처 알지 못했다. 함께하는 것만으로 충분했으니까.

2
마법을 시작하다

벤과 함께한 15분의 기적

몇 년 전 나는 전국에 방영되는 텔레비전 프로그램의 제작 과정에 참여했다. 미취학 아이들에게 소리 내어 책을 읽어주는 일의 장점을 소개하는 프로그램이었다.

나는 카메라 앞에서 만 세 살 된 벤의 엄마와 아빠에게 왜 부모가 아이에게 책을 읽어주어야 하는지를 설명하기로 되어 있었다. 이 특별한 부모는 어린 아들에게 아낌없이 최선을 다하려고 노력했지만 아들에게 책을 읽어준 적은 거의 없었다. 책을 읽어줄 필요성도 미처 깨닫지 못하고 있었다. 그래서 벤은 한 단어도 읽거나 쓸 줄 몰랐다.

촬영 당일, 나는 벤 그리고 아이의 부모와 이야기를 나눌 기회가 없다는 사실을 알고 경악했다. 시간이 부족한 탓에 우리는 모두 신경이 날카롭게 곤두선 채 다소 긴장해 있었다. 프로그램 연출자는 대신 내가 프로그램 전반부에서 옹호했던 대로 아이에게 책을 읽어주라고 말했다. 그는 애정이 넘치고 명랑하고 즐겁게 책을 소리 내어 읽어주는 분위기를 시청자들에게 있는 그대로 보여주고 싶어 했다.

'나는 저 아이를 알지도 못해……. 한 번도 만나본 적이 없단 말이야. 내 성격이 워낙 유별나서 아이가 겁먹을지도 모르잖아. 우리는 전혀 알지도 못하는 사이인데, 어떻게 금방 친구가 되어 함께 즐기면서 책을 읽는 방법을 배울 수 있겠어?'

나는 촬영을 시작하기 전에 벤과 친해질 필요가 있다고 생각했다. 그러려면 잠시라도 둘만의 시간이 필요했다. 나는 카메라와 조명을 피해 벤의 손을 잡고 밖으로 나와 내 차로 갔다. 그리고 특별한 선물을 건넸다. 내 새 책 《잘 자라, 우리 아가 Time for Bed》의 포스터와 책이었다.

몇 분 뒤 카메라가 돌아가기 시작했다. 나는 벤이 앉아 있는 방 마루에 누워 아이에게 책을 읽어주었다. 그런 다음 아이와 함께 책을 읽었고, 이어 벤이 나에게 책을 읽어주었다. 단 15분 만에 일어난 일이다.

그런데 프로그램이 전국적으로 방송을 타기 전날 밤, 광고를 보고 나는 거의 심장 발작을 일으킬 뻔했다. 광고에 다음과 같은 문구가 딸려 있었기 때문이다.

"지금 이 여성이 당신의 아이에게 단 15분 만에 책 읽는 방법을 가르쳐줄 수 있다고 합니다!"

나는 결코 그런 말을 하지 않았다. 그런 말을 한다는 건 그야말로 터무니없는 일이었다. 물론 내가 벤에게 책을 소리 내어 읽어준 지 15분도 안 되어 벤이 정확한 단어를 손가락으로 짚고 건방져 보일 만큼 씩 웃으며 "자러 갈 시간이에요"라고 말한 것만큼은 사실이었다. 당시 카메라 감독은 숨을 몰아쉬었다. 음향 감독은 몸을 앞으로 숙였고, 연출자는 흥에 겨워 살짝 춤까지 추었다. 벤의 부모는 믿을 수 없다는 듯 그저 망연자실해 있을 뿐이었다.

나조차도 우연이라는 생각이 들어 다른 페이지를 펼치고 물었을 정도다. "벤, 그럼 이 페이지에는 어떤 내용이 나오는지 볼까?"

벤은 통통하고 작은 손가락으로 단어를 가리키고 머리를 뒤로 젖힌 채 웃으며 말했다. "자러 갈 시간이라고요."

내가 다른 페이지를 펼쳤을 때에도 벤은 똑같이 행동했다. 이 모든 과정이 고스란히 카메라에 담겼다. 벤은 15분 만에 읽는 법을 깨우치기 시작했던 것이다. 평범한 부모 밑에서 평범하게 자란 아이였고, 더욱이 나와는 초면이었는데 말이다.

과연 벤은 어떻게 책을 읽는 데 성공했을까? 우선 내가 쓴 책인 《잘 자라, 우리 아가》와 《해티와 여우 Hattie and the Fox》, 파멜라 앨런이 쓴 《누구 때문일까? Who Sank the Boat》이 단순한 그림책 세 권을 반복해서 읽었다는 말을 해야겠다. 이것은 틀림없는 사실이다. 내가 이 세 권을 고른 이유는 모두 동물이 나오고, 문장에 운율과 리듬, 혹은 반복이라는 중요한 요소가 들어 있는 그림책이기 때문이다. 이 역시 분명한 사실이다.

하지만 가장 중요한 비밀은 나와 아이 사이에 일어난 일에 있었다. 우리 둘 사이에는 즐거운 놀이를 함께한다는 어리석을 정도의 흥분이 있었다. 우리는 '읽기'라는 것이 세상에서 가장 재미있는 놀이인 양 함께 소리를 지르면서 마구 웃었다.

"그래! 그래! 그거야!"라고 말하는 내 목소리는 점점 높아졌고, 웃고 낄낄거리는 벤을 꽉 끌어안았다.

벤과 나는 말 그대로 마루 위에 굴러다니며 '자러 갈 시간이에요'라는 문장이 나올 때마다 손으로 책을 내리쳤다. 그 문장이 새로운 페이지에 모습을 드러낼 때마다 승리감에 취해 소리를 질러댔다.

우리는 결코 긴장하지 않았고 잠시도 가만있지 않았다. 책에서 우리가 함께 본 동물을 찾다가 마침내 같은 동물을 발견할 때면 둘이서 해냈다는 사실에 야단법석을 떨며 난리를 쳤다.

"여기 또 돼지가 있네. 세상에! 여기 또 말이 나와. 이거 좀 봐, 이 책에 소가 나오고, 또 소가 나오고, 다른 소도 나오잖아? 정말 놀랍지 않아? 어디에나 소가 나오다니."

벤의 얼굴이 눈부시게 빛났다. 또 눈은 어찌나 환하게 빛나던지, 벤은 깨물어주고 싶을 만큼 사랑스러웠다. 벤도 나를 조금은 특별하게 생각하는 것 같았다. 내가 벤을 덥석 끌어안아 마루 위로 들어 올리며 "벤, 정말 똑똑하구나"라고 말할 때마다 벤은 숨김없이 기쁨을 드러냈다. 우리는 책을 갖고 언제 우리 둘 사이에는 즐거운 놀이를 함께한다는 어리석을 정도의 흥분이 있었다. 우리는 '읽기'라는 것이 세상에서 가장 재미있는 놀이인 양 함께 소리 지르면서 마구 웃었다. "그래! 그래! 그거야!"라고 말하는 내 목소리는 점점 높아졌고, 웃고 낄낄거리는 벤을 꽉 끌어안았다.

까지라도 즐겁게 놀 수 있을 것만 같았다. 멈추고 싶지 않았다. 정말이지 그때 우리가 얼마나 행복했던지.

만 세 살밖에 안 된 벤이 15분 만에 충분히 긴장을 풀고 책 읽는 방법을 익혀 계속 책 읽기를 배우고 싶어 했다는 사실이 놀랍지 않은가?

함께 책을 읽는 과정에서 벤이 받은 보상은 자못 확실했다. 벤은 나와 함께한 게임을 좋아했다. 벤은 언제나 '이기고' 있다는 확신을 얻었기 때문이다. 요란스럽고 리듬이 뚜렷한 말들과 단어가 페이지를 넘길 때마다 지나칠 정도로 자주 반복되는 그림책들은 그 자체로도 충분히 재미있었다. 하지만 무엇보다도 벤은 새로 사귄 친구인 나와 즐거운 시간을 보냈다. 그야말로 우리는 찰떡궁합이었다.

이토록 달콤한 책 읽기의 경험

아이와 친구가 되는 과정을 누린다는 것이야말로 아이에게 소리 내어 책을 읽어주는 일의 가장 큰 장점일 것이다. 책을 읽으며 맞닥뜨리는 단어와 그림, 아이디어와 관점, 리듬과 운율,

고통과 위안, 희망과 두려움, 그리고 삶의 거대한 문제들을 아이와 함께 나눌 수 있다.

삶에서 일정 시간을 아이들에게 투자하면 어른과 아이는 함께 읽은 책과 관련된 비밀스런 유대감을 통해 더할 나위 없이 친밀한 관계가 된다. 아이, 책, 책을 읽어주는 사람이 접촉하며 일으키는 감정적 자극은 글을 읽고 쓰는 능력에 불꽃을 일으킨다. 이 불꽃은 책 자체만으로, 아이 혼자만으로, 소리 내어 책을 읽어주는 어른의 힘만으로는 일어나지 않는다. 세 가지 모두 한데 엮여 편안하게 조화되었을 때 비로소 가능해진다.

엄마와 아빠가 우거지상을 하고 '이게 우리 애한테 좋은 일이겠지'라고 생각하면서 책을 읽어주어서는 안 된다. 아이에게 소리 내어 책을 읽어주는 일에 깊이 빠져들면 우리는 종종 책을 읽어주어야 한다는 사실 자체를 까맣게 잊어버린다. 신나고 즐거운 시간을 만끽하는 동시에, 함께 책을 읽는 동안 아이와 다정하게 이야기를 나눌 수 있다. 어느덧 책을 읽어주는 일이 마치 '초콜릿'을 먹는 것 같은 달콤한 경험이 된다.

'초콜릿'이라는 단어는 내 헤어디자이너가 떠올린 표현이다. 그녀의 딸 티피는 활기가 넘치는 아이다. 티피는 고작 만 여섯 살의 나이에 풍부한 표현력과 언어 구사력을 발휘하여 책을 읽었다. 동네 사람 모두 티피의 엄마에게 "티피에게 책 읽는 법을 가르쳤군요. 정말 빨리 배웠네요"라고 말하곤 했다.

"가르치다뇨? 전 가르친 게 없어요. 어떻게 하는지도 모르고, 실수라도 할까 봐 감히 가르칠 엄두를 못 냈는걸요. 그저 큰 소리로 책을 읽어주었을 뿐이에요."

그러나 아무도 그녀의 말을 믿지 않았다. 너무 간단해 보였기 때문이다.

물론 아이에게 큰 소리로 책을 읽어준다고 해서 반드시 모든 아이가 학교에 들어가기 전에 책 읽는 법을 깨우치는 것은 아니다. 설령 아이가 학교에 들어가기 전에 혼자서 책을 읽지 못하더라도 전혀 문제가 되지 않는다. 선생님들이 기꺼이 감사하는 마음으로 아이들이 학교에 들어가기 전에 보호자 또는 육아 도우미가 마련해놓은 소리 내어 책 읽어주기의 기반을 더욱 견고하게 만들어줄 것이기 때문이다. 그리고 이런 아이는 스스로 읽는 방법을 매우 빨리 터득한다.

읽기와 관련된 문제는 고치기는 어렵지만 예방하기는 매

우 쉽다. 예방은 아이가 학교에 들어가기 훨씬 전부터 할 수 있다.

아이가 학교에 들어가기 전이나 혹은 학교에 들어가자마자 책 읽는 방법을 배우는 일의 가장 큰 이점은 다음과 같다. 선생님이 책을 읽지 못하는 아이들로 가득 찬 전체 학급에 관심을 기울이는 것보다 부모가 한두 명의 자녀에게 집중하는 것이 훨씬 수월하기 때문이다. 그러므로 집에서 소리 내어 책을 읽어주어 아이에게 남들보다 먼저 글 읽는 방법을 배울 기회를 주는 것은 전혀 나쁜 일이 아니다.

만약 모든 부모가 아이에게 책을 소리 내어 읽어주어서 생기는 엄청난 교육적 효과와 강렬한 행복감을 깨닫고, 부모를 비롯하여 아이를 돌보는 모든 어른이 살아가는 동안 아이에게 적어도 하루에 세 편씩 이야기를 소리 내어 읽어준다고 상상해보라. 그렇다면 우리가 살아 있는 동안 문맹이 퇴치될지도 모른다.

망설일 이유가 더 있는가? 이제 다 함께 소리 내어 책 읽기의 마법을 시작해보자!

3

사랑받는 만큼 성장하는 아이들

하루에 3편씩 이야기 들려주기

학교에 입학한 첫날부터 읽기를 배우는 것은 너무 늦다. 끔찍하게 들리겠지만 사실이 그렇다. 최근 두뇌 연구에 따르면 인생의 초년기는 우리가 생각하는 것보다 아이에게 훨씬 더 중요하다고 한다.

    두뇌는 아이가 태어나는 순간부터 발달하기 시작한다. 아기가 먹고 놀고, 이야기와 노래, 책 읽는 소리를 들을 때마다 촉각, 미각, 후각, 시각 및 청각은 그대로 뇌와 연결된다. 아기의 두뇌는 새로운 정보와 자극을 접할 때마다 한껏 들떠 현란한 기술을 습득하는 곡예사와도 같다.

아이가 앞으로 얼마나 영리하고 창조적이고 상상력이 풍부해질지를 결정하는 중대한 연결의 순간은 아이가 만 한 살이 되는 시점에서부터 이미 시작된다.

만 한 살 무렵이 되면 아이들은 대부분 모국어를 구성하는 모든 소리를 배운다. 그렇기 때문에 우리가 삶의 후반기에 배운 언어를 완벽한 억양으로 구사할 수 없는 것이다. 다시 말해 인생의 전반기에 우리 두뇌 속 배선의 배치가 적절히 끝나면 더 이상 연결되지 않는다는 의미다. 그래서 영어 사용자는 불어의 r 발음과 중국어의 성조를 따라 하기 힘들고, 일본어 사용자는 영어의 r 발음을 하기 힘들며, 열두 살이 넘어 외국어를 배우기가 어려운 것이다.

읽기를 배우는 방법은 외국어를 배우는 것과 흡사하다. (이야기에 나오는 문법 형식이나 '옛날 옛적에', '오래오래 행복하게 살았답니다'와 같은 관습처럼) 책 '고유의' 언어를 확립해야 한다는 사실을 유념해야 한다. 생애 첫 1년 동안 홍역과 소아마비를 막는 예방주사를 맞듯, 문맹을 막는 예방 주사를 맞는 것도 매우 중요하다.

글을 배우는 방법을 형성하는 토대는 아이가 말하는 소리를 처음 듣거나 노래의 선율, 운율 자체 혹은 운율과 이야기의 반복을 처음 접하는 순간부터 뿌리를 내린다. 태어날 때부터 이야기나 노래, 책 읽는 소리를 규칙적으로 듣지 못한 아이는 이러한 것을 경험한 아이보다 학교생활을 훨씬 더 힘들어한다. 특히 글 읽는 방법을 배우는 과정을 경이롭게 여기고 즐거워하기보다는 커다란 장애물로 받아들인다.

아이에게 초년기부터 책을 소리 내어 읽어주면 말하는 능력 역시 급속도로 발달한다. 아이는 말을 걸어주지 않으면 말하는 법을 배우지 못하고, 배울 수도 없다.

심리학자와 언어치료사들은 아이가 만 세 살이 되기 훨씬 전부터 사랑과 웃음이 넘치는 가운데 아이와 깊이 있고 의미 있는 대화를 나누어야 한다고 말한다. 아이와 나누는 대화는 아이큐 발달에도 긍정적인 영향을 미친다. 대화를 많이 할수록 아이는 더 현명해진다.

소리 내어 책을 읽어주는 시간은 아이와 대화를 나누기에도 좋다. 책을 읽어주는 이와 책의 내용을 듣는 이가 책의 줄거리와 그림, 책 속에 담긴 가치와 생각에 대해 끊임없이 대화할 수 있기 때문이다. 소리 내어 책을 읽어주고, 책의 내용에 대해 서로 이야기를 나눌수록 아이의 두뇌는 단련된다. 또한 아이가 더 오래 집중할 뿐만 아니라, 문제를 논리적으로 해결하고 자신의 생각을 쉽고 명쾌하게 표현하도록 이끈다.

아이는 이야기를 들으면서 재치 있는 문구와 새로운 문장, 단어의 심오한 의미를 접하게 된다. 그 과정에서 활자의 모양과 단어들이 문장을 이루는 방식, 나아가 세상이 흘러가는 방식, 예컨대 왜 이런 일이 생기고 저런 일이 생기는가 하는 것을 비롯하여 이 모든 것들이 하나로 결합되어 어떤 의미를 형성하는지 등을 배운다. 즉, 책 읽는 법을 배운다.

그러니 아이가 혼자서 책 읽는 방법을 배우기 전에 이야기 1,000편을 들려주어야 한다는 전문가의 주장은 당연하다. 1,000편이라니! 무시무시한 숫자 같은가. 하지만 따져보면 별 것 아니다. 하루에 이야기 세 편을 들려준다면 1년 동안 1,000편을 채울 수 있다. 아이가 입학하기 전 4, 5년 동안 책을 읽어주면 충분하다. 우리가 얼마든지 할 수 있는 일이다!

하루에 읽어줄 이야기 세 편은 다음과 같이 고르는 편이 가장 이상적이다. 하나는 아이가 가장 좋아하는 이야기, 다른 하나는 아이에게 익숙한 이야기, 마지막으로는 아이가 잘 모르는 이야기를 고른다. 하루에 같은 책을 세 번 읽어주어도 좋다.

나는 최근에 손녀에게 푹 빠진 내 친구를 만났다. 그날 아침, 친구의 만 두 살 된 손녀 니아브가 친구에게 40분 동안 연거푸 같은 책을 읽어달라고 졸랐다고 한다. 한 권의 책을 읽어주는 동안 친구와 니아브는 전문가가 권장한 1,000권으로 나아가는 여정을 순조롭게 시작한 셈이다.

텔레비전과는 소통할 수 없다

두뇌의 사고 연결을 구축하는 데 있어 단어는 대단히 중요하다. 그래서 텔레비전을 보는 수동적인 방법이 아니라 책이나 다른 사람과의 대화를 통해 다양한 언어를 경험한 아이가 평생 동안 사회적·교육적으로 더 많은 혜택을 누리게 된다. 반대로 학교에 들어가기 전에 경험하고 배우고 사용하는 단어가 적은 아이는 두뇌의 발달이 뒤처질 수밖에 없다.

사람들은 텔레비전에서 아이들이 대화하는 법을 배우는 데 필요한 단어가 충분히 제공된다고 생각하곤 한다. 텔레비

텔레비전의 가장 우려되는 측면은 아무리 수많은 단어가 쏟아진다고 해도 교육용 프로그램에서조차 아이들의 말하기 능력 발달에 효과가 없다는 점이다. 텔레비전은 아이들에게 말을 걸지 않기 때문이다. 텔레비전은 아이들을 향해 일방적으로 말할 뿐, 아이들에게는 '대답할 기회'가 없다. 그리고 이 대답할 기회야말로 언어를 배우는 데 있어 가장 중요한 요소다.

전의 가장 우려되는 측면은 아무리 수많은 단어가 쏟아진다고 해도 교육용 프로그램에서조차 아이들의 말하기 능력 발달에 효과가 없다는 점이다. 텔레비전은 아이들에게 말을 걸지 않기 때문이다. 텔레비전은 아이들을 향해 일방적으로 말할 뿐, 아이들에게는 '대답할 기회'가 없다. 그리고 이 대답할 기회야말로 언어를 배우는 데 있어 가장 중요한 요소다.

11개월 된 아들을 둔 내 친구의 집에는 그림책이 여기저기 아무렇게나 놓여 있다. 아들이 원하는 아무 때나 혼자서도 책을 볼 수 있게 하기 위해서다.

친구는 저자의 사인을 받은 그림책의 하드커버 판은 안전한 곳에 소중히 보관한다. 친구가 "우리 특별한 책을 가지러 갈까, 라이언?"하고 물을 때마다 라이언은 기대감에 벅차 몸을 제대로 가누지 못할 정도로 어쩔 줄 몰라 한다. 특별한 책을 가져오면 엄마와 함께 책을 읽을 거라는 사실을 알기 때문이다. 엄마와 함께 책을 읽는 동안 라이언은 엄마의 관심을 오롯이 독차지한다.

함께 책을 읽으며 나누는 상호작용 덕분에 라이언은 앞으로 언어치료사의 도움을 받을 필요가 전혀 없을 것이다. 아이는 아직 11개월밖에 되지 않았지만 자신만의 방식으로 대답하는 법을 배워나가고 있다.

오스트레일리아 남부 대학의 유아기 전문가인 수 힐 박사Dr. Sue Hill는 크리스마스 상품 목록, 시리얼 포장지, 〈빌보드〉지 같은 일상적인 내용이 담긴 글을 아이와 함께 읽고 서로 대화를 나눌 때에도 유대관계와 책 읽는 능력의 발달 과정이 일어난다고 말한다. 물론 아이는 에릭 힐Eric Hill이 쓴 《스팟이 어디에 숨었나요?Where's Spot?》와 같이 단순하고 흥미로운 책을 훨씬 좋아할 것이다. 중요한 것은 아이가 '대답할 기회'를 갖는 것이다. 아이가 '대답할 기회'만 있다면 어떤 활자든 좋다.

내 편집자 앨린 존스턴의 아들 이먼은 우편엽서에서 '대답할 기회'를 얻는다. 앨린은 일 때문에 자주 출장을 다니는데 그럴 때마다 출장지에서 아들에게 엽서를 보낸다. 이먼이 우편물에서 엽서를 찾아오면 이먼과 아빠는 엄마가 집을 비운 동안 위안 삼아 함께 엽서를 읽는다. 이때 부자의 대화 주제는 엽서다. 아빠가 엽서에 대해 이야기하면 이먼이 그 이야기에 대한 자신의 생각을 말한다.

엄마가 보낸 우편엽서에서 이먼은 책을 읽어야 하는 이유를 배운다. 엽서에 적힌 활자를 읽으면서 이먼은 그 활자들이 쓰인 목적이 한 사람이 다른 사람에게 진정한 이야기를 전하기 위해서라는 점을 깨닫는다.

아이와 대화를 나눌 시간을 내기가 생각만큼 쉽지 않다. 21세기를 살아가는 현대인의 삶은 단순히 바쁜 정도가 아니기 때문이다. 일 때문에 시간을 빼앗기고, 관계가 위험에 처한 부모들에게 ― 엄마뿐 아니라 아빠 역시 바쁘다는 사실을 강조하고 싶다 ― 아이와 함께 책을 읽는 일은 즉시 실행 가능하고 가장 효과적인 응급 처방약이다.

함께 책을 읽으며 보낸 시간은 아이에게 부모의 사랑과 보살핌, 절대적인 관심을 전하는 명백한 증거가 된다. 부모에게는 세상의 다른 모든 일에서 벗어나 휴식을 취하면서 아이와 완벽하게 연결되는 기회를 준다.

아이가 가장 원하는 것은 부모의 사랑

소리 내어 책 읽어주기의 잘 알려지지 않은 은밀한 효과도 있다. 바로 언어와 책에 대한 경험을 공유하며 가족만의 사적인 언어를 만들 수 있다는 점이다.

클로에가 만 여섯 살이던 때 우리 가족은 함께 피크닉을 간 적이 있다. 클로에는 피크닉 바구니를 열기도 전에 디저트가 무엇이냐고 물었다. 나는 클로에에게 디저트를 생각하기 전에 영양가가 많은 음식부터 먼저 생각하라고 했다.

"그래. 사람은 모름지기 참을 줄 알아야 해."

클로에가 여느 아이들처럼 샐쭉한 표정을 지으며 말했다. 그 문장은 《위니 더 푸Winnie the Pooh》에서 그대로 따온 것이었다.

시간이 지나면서 클로에가 말한 문장은 우리 가족이 일상적으로 하는 말이 되어버렸다. 특히 남편 말콤이 집에 있는 초콜릿을 모조리 다 먹어치웠을 때에는 더 더욱. "그래. 사람은 모름지기 참을 줄 알아야 해." 남편은 죄책감 어린 표정을 지으며 말하곤 한다.

우리는 우리 세 사람을 제외한 다른 사람들에게는 아무런 의미도 없는 책 속의 언어로 우리 가족만의 커다란 직물을 떴다. 이 직물은 우리 가족을 하나로 연결하는, 우리만의 '유대감'을 다지는 암호다.

아이와 부모 사이가 제대로 연결되어 있지 않아 생기는 어긋남과 혼란스러움은 유년기가 지나고 상당한 시간이 흘러도 아이를 불안하게 만든다. 저명한 아동심리학자인 브루노 베텔하임Bruno Bettleheim은 탁월한 저서 《옛이야기의 매력The Uses of Enchantment》에서 아이는 자신이 부모에게 사랑받는다는 사실을 확신해야 한다고 단언한다.

조부모 혹은 다른 사람들이 아이를 많이 사랑하더라도 아이가 가장 열망하는 것은 바로 부모의 사랑이다. 그러므로 부모들은 하루에 단 10분만이라도 시간을 내어 아이에게 소리 내어 책을 읽어주고 이야기를 나누고 유대관계를 쌓으며 아이를 향한 사랑을 증명해야 한다.

클로에가 성년기에 접어들었을 때, 나는 혹시 내가 야단법석을 떨며 두 직업을 병행하면서 가정에 대한 의무를 다하느라 딸로서 무시당한다고 느낀 적이 있는지 걱정스레 물었다. 클로에는 깜짝 놀라며 되물었다.

"내가 항상 엄마한테 영순위 아니었어?"

"그렇게 느꼈니?"

"당연하지. 난 늘 엄마한테 영순위였잖아, 안 그래?"

"그래, 물론 그렇고말고. 네가 영순위였지." 나는 서둘러 대답했다.

"그런데 지금 무슨 소리를 하는 거야?"

"아니, 아무것도 아니야……."

클로에는 자기 주변의 모든 소동과 광기 속에서도 어떻게든 자신이 나에게 영순위라는 점을 확신했던 듯하다. 물론 딸을 사랑한 건 사실이다.

클로에는 어디서 나와 말콤에게 자신이 이 세상의 다른 누구보다 소중한 존재라는 확신을 얻었을까? 그 확신은 대부분 우리가 밤마다 클로에와 함께 소리 내어 책을 읽는 시간에서 비롯했다. 함께 책을 읽을 때면 우리는 언제나 우리만의 공간에 있었다. 그곳에서 함께 책에 대해 수다를 떨고, 함께 읽은 책을 다른 이야기와 비교했다.

《위니 더 푸》의 이요르가 인생에서 전반적으로 자비를 얻지 못했다는 데 공감하고, '피터 래빗Peter Rabbit' 이야기에서 '최면 효과soporific'라는 새로운 단어를 발견했다. 《띳띳띳 꼴찌 오리 핑 이야기The Story about Ping》에서 작은 막내 오리가 엉덩이를 맞을 때는 충격을 받았고, 우리가 살면서 접하는 딜레마와 결정들 속에서 《인생의 위대한 질문들The Great Questions of Life》을 만나는 순간에 대해 토론했다. 그리고 함께 기억을 되새기고 옳은 것과 그른 것, 선과 악의 문제에 대해 생각해보았다.

클로에는 다채로운 이야기를 나누고 나면 금세 달콤한 잠의 품에 안겼다. 머릿속에는 다양한 생각이, 가슴에는 평화로운 느낌이, 두뇌에는 책의 흥분이 쏘아올린 불꽃이 가득한 채로.

4

소리 내어 책 읽어주기의 힘

유명 작가들을 키운 책 읽어주는 선생님

샌디에이고에 위치한 사립 초등학교인 길레스피 스쿨의 교장 모린 필던은 매주 금요일마다 전교생에게 소리 내어 책을 읽어주었다. 소리 내어 책을 읽어주는 것이 학생들에게 교육적으로 도움이 된다고 확신했기 때문이다. 안타깝게도 행정상의 부담 때문에 이행하지는 못했지만, 매일 같이 전교생에게 소리 내어 책을 읽어주려 했을 정도였다.

위 이야기와 대조되는 사례도 있다. 뉴햄프셔의 무지한 교장은 업무 평가를 위해 수업 중인 교실로 들어갔다. 마침 담당 교사는 반 학생들에게 책을 읽어주고 있었다. 그러자 교장은 "나중에 다시 오겠습니다. 학생들을 가르치고 있을 때요"라고 말했다.

소리 내어 책을 읽어주는 것은 당연히 아이들을 가르치는 행위다. 그리고 아이들은 이와 같은 교육법을 좋아한다.

오스트레일리아의 사랑받는 아동문학 작가인 콜린 티엘Colin Thiele은 어린 시절 홍수가 잦은 오스트레일리아 서부의 바로사 벨리에서 1인 교사가 운영하는 학교를 다녔다. 홍수 기간이 되면 학생들 절반이 결석했다. 교육 과정을 '낭비'하고 싶지 않았던 교사는 학교에 온 소수의 학생들에게 소리 내어 책을 읽어주며 시간을 보내곤 했다. 콜린에게 홍수 기간은 마법 같은 시간이었다. 그는 홍수 기간에 우연히 접한 교육에서 남은 평생의 정규교육 과정에서 배운 것보다 읽기와 쓰기에 대해 훨씬 많은 것을 배웠다고 주장했다.

《찰리와 초콜릿 공장Charlie and the Chocolate Factory》을 비롯해 여러 탁월한 아동 및 성인 소설을 쓴 유명한 영국 작가인 로알드 달Roald Dahl 역시 한 선생님이 소리 내어 책을 읽어줬던 경험이 기숙학교를 다니던 당시의 가장 행복한 기억이라고 말했다. 그 경험을 통해 정규 과목에서보다 쓰기에 대해 더 많은 것을 배웠다는 말도 덧붙였다. 그는 바로 양호 선생님이었다. 선생님은 토요일 아침마다 주말에도 집에 가지 못하는 학생들에게 책을 읽어주었다고 한다. 아이들을 집중시켜 소란을 피우지 못하도록 막기 위해서였다. 그렇게 양호 선생님은 무료하고 무의미하게 보냈을지도 모를 매주 두 시간을 매혹적인 체험으로 바꾸어놓았다.

 나는 교사 지망생들을 가르칠 때면 내가 설명하는 바를 그대로 실천하기 위해 아동문학을 소리 내어 읽어주는 것으로 첫 학기를 시작한다. 열일곱 살에서 마흔다섯 살까지 학생들의 나이는 참으로 다양하지만, 내가 책을 읽는 동안 다들 잔뜩 기대에 들떠 눈을 동그랗게 치켜뜬다. 축구 선수들조차 소리 내어 책을 읽어주면 좋아한다. 자기도 모르는 사이에 이야기의 마력에 이끌린 그들은 한껏 몰입한 채 생쥐처럼 얌전히 앉아 있곤 한다.

 내가 자주 읽던 책 중 하나는 존 가디너의 《조금만 조금만 더Stone Fox》다. 책이 결말로 치달아 예기치 못한 끔찍한 사건이 터지는 시점이 되면 교실 한가득 숨을 몰아쉬는 소리가 감돈다. 책 읽기를 다 마쳤을 때는 충격적인 결말에서 교실 전체가 침묵에 빠져들었다.

종종 나는 전에 가르친 학생들을 만나곤 한다. 그들은 내가 수업 시간에 책 읽어주던 일이 가장 기억에 남는다고 말한다. 그중 한 명은 이렇게 말했다.

"솔직히 언젠가 선생님이 제 교실 앞을 지나가실 때 제가 학생들에게 책을 읽어주지 않는다면 선생님이 문을 열고 들어오셔서 수업을 그만두게 할까 봐 겁이 났어요."

조나스에게 가장 무서운 벌은…

지금부터는 내가 전해 들은, 일리노이 주에 위치한 학교에 다니는 어린 소년 조나스에 대한 이야기를 하겠다. 조나스의 반에는 가정 형편상 글을 읽고 쓰는 법을 배우는 데 더 많은 도움이 필요한 아이들이 많았다.

조나스의 담임 선생님은 30년 넘게 어린아이들을 위해 대단히 성공적으로 일해온 열성적이고 훌륭한 분이었다. 조나스는 담임선생님을 무척 좋아했다. 특히 선생님이 책 읽어주는 시간을 가장 좋아했다.

선생님은 하루에도 수차례 반 학생들에게 소리 내어 책을 읽어주었다. 그녀는 책을 읽어줄 때 아이들이 행복해한다는 것을 느꼈다. 책 읽어주기가 아이들을 현명하게 성장시킨다는 것도 잘 알았다. 특히 그녀는 학생들이 벽을 기어 오르며 장난칠 때 책을 읽어주면 아이들의 흥분이 가라앉는다는 사실을 깨달았다. 그래서 아이들이 하나씩 벽에서 내려와 그녀의 발치에 가만히 앉아 단어의 리듬으로 위안을 받고 단어의 기적에 매료될 때까지 책을 읽어주었다.

하루는 한 아이가 조나스를 심하게 괴롭혔다. 평소 조용하던 조나스가 그날은 그 아이의 팔을 연필로 찌르며 거칠게 반응했다. 깜짝 놀란 선생님은 조나스를 교장실로 데려갔다. 그것은 선생님이 거의 사용하지 않는 벌이었다. 특히 조나스에게는 한 번도 내린 적 없는 처벌이었다. 조나스는 자신의 잘못을 교장 선생님께 설명하고 그에 걸맞는 벌을 받기로 했다.

"어떤 벌을 받겠니, 조나스?"

선생님이 부드럽게 물었다. 조나스는 슬픔과 후회로 몸부림쳤다.

"네게 적당한 벌이 뭐라고 생각하니?"

책을 읽어주면 아이들의 흥분이 가라앉는다는 사실을 깨달았다. 그래서 아이들이 하나씩 벽에서 내려와 그녀의 발치에 가만히 앉아 단어의 리듬으로 위안을 받고 단어의 기적에 매료될 때까지 책을 읽어주었다.

제1부 　책 읽어주기의 기적

선생님이 다시 물었다. 조나스가 훌쩍거리며 말했다.

"제 생각에는…… 그러니까 저는…… 저에게 책을 읽어주시지 않는 거라고 생각해요."

제2부

어떻게
읽어주어야 할까

5
규칙적으로 읽어주어라

6개월 된 아기가 책을 좋아한다?

아이에게 책을 읽어주기 가장 좋은 시기는 아이가 태어난 날부터다. 아이가 처음 태어난 감격스럽고도 기진맥진한 날, 침대에서 읽어주는 책의 경쾌한 리듬은 부모와 신생아 모두를 진정시키고, 부모와 아이 사이의 유대감을 고취시킨다. 책을 읽어주는 시간은 부모와 아이에게 '대화를 나눌' 화제를 제공한다. 그리고 적잖이 놀랄 테지만, 신생아는 책을 정말 좋아한다. 다채로운 그림과 언어의 리듬과 사랑을 베푸는 어른이 옆에 있다는 사실에 반응한다.

내 이웃인 폴라의 딸 모니카는 태어난 지 6개월 된 아기다. 폴라에게 모니카는 잘 지내느냐고 묻자 "모니카가 책을 무척 좋아해요"라고 대답했다. 처음에는 폴라가 나를 놀린다고 생각했다. 폴라는 내가 아기와 책에 얼마나 푹 빠져 있는지 잘 알기 때문이다.

"아니, 진짜예요." 폴라가 말했다.

"모니카가 정말 책을 좋아한다고요. 함께 이 특별한 의자에 앉아 제가 소리 내어 책을 읽기 시작하면 모니카가 웃으면서 팔을 흔든다니까요. 작은 소리를 내면서 우스꽝스럽게도 집중하는 것 같은 표정도 짓는걸요."

6개월 된 아기가 벌써 책을 좋아한다고? 나는 클로에가 10개월이 되기 전까지는 책을 읽어주지 않았다. 당시는 10개월도 충분히 빠르다고 생각했다. 내가 얼마나 시간을 낭비했다는 말인가.

책 읽어주기는 빨리 시작할수록 좋다

아이와 함께 책을 읽을 때 반드시 아동 도서만 고집할 필요는 없다. 사범대학에서 강의할 당시 곤란하게도 한 학생이 학기

적잖이 놀랄 테지만 신생아는 책을 정말 좋아한다. 다채로운 그림과 언어의 리듬과 사랑을 베푸는 어른이 옆에 있다는 사실에 반응한다.

중에 아기를 낳았다. 대학을 다니는 동안 아기에게 책 읽어줄 시간이 절대적으로 부족했던 그녀는 내가 세미나를 위해 지정해준 기사와 책들을 소리 내어 읽기로 했다. 당연한 말이지만, 아기는 엄마가 공부하는 책과 아기를 위한 책의 차이를 전혀 알지 못한다. 단지 엄마의 목소리를 듣고, 엄마가 옆에 함께 있다는 사실을 알고 안심할 뿐이다.

내 학생이 그랬던 것처럼, 아기가 태어나면서부터 책을 읽어주면 읽기와 관련된 여러 문제를 미리 막을 수 있다. 한번은 소리 내어 읽어주기의 중요성을 잘 아는 부모가 나를 찾아와 아이가 책을 읽어줄 때 가만히 앉아 있지 않는다고 불평했다.

"우리 아이는 이야기를 들려주는 동안 잠시도 가만있지를 않아요."

어쩌면 문제의 부모는 아이의 인생에서 충분히 빠른 시기에 소리 내어 책 읽기를 시작하지 않았는지 모른다.

일찌감치 규칙적으로 책 읽어주는 소리를 들으며 자란 아이는 빠른 속도로 읽기의 기술과 이야기를 들으려는 욕망을 습득한다. 책 속에서 자기를 기다리는 한없는 즐거움을 알고 집중하는 동시에 긴장을 푸는 능력도 익힌다.

전체 이야기가 흘러가는 동안 어떻게 혹은 왜 이야기에 집중하는지를 일찌감치 배우지 못한 아이는 커서도 절대로 책을 읽어줄 동안 가만 있지 않는다. 특히 남자아이들은 안절부절못하고 꼼지락대며 수백 가지 다른 생각에 마음을 빼앗기는 데다 지나치게 훼방을 놓거나 이리저리 돌아다니기 일쑤다. 소리 내어 책 읽어주기는 무조건 빨리 시작할수록 좋다.

내 친구의 손자인 헌터는 아주 어렸을 때부터 책 읽어주는 소리를 들으며 자랐다. 만 두 살 무렵 헌터는 부모가 책을 읽어주기 전까지 대여섯 권의 책을 '읽는' 동안 집중할 줄 알았다. 책에 깊이 빠져들면 전혀 뒤척거리거나 꿈틀거리지 않았다.

가능할 때마다 자주 읽어주자

아기가 태어난 순간이 소리 내어 책 읽어주기를 시작하기에 적절한 시점이라면, 하루 중 책을 읽어주기에 적당한 시기는 언제일까? 답은 가능할 때마다, 그리고 최대한 자주다.

예를 들어 아이가 지루해하거나 불안해하고 칭얼거리거나 짜증 내거나 보챌 때도 우리는 아이가 가장 좋아하는 책들을 활용할 수 있다. 버스나 기차 혹은 비행기로 여행을 할 때, 미용실이나 치과, 모임이나 친구의 집에서 기다리며 앉아 있을 때 책을 읽으면 지루함을 잊을 수 있다. 집에서 언쟁이 벌어지거나 고함 소리가 터져 아이가 불안해할 때 책은 진정제 역할도 한다. 아플 때는 기운을 북돋아주고, 교회에 가거나 외식을 하거나 친지 및 친구들을 방문하여 얌전하게 굴어야 하는 짜증 나는 순간에도 책은 매우 유용하다.

각자 책 읽어주는 방식은 다를 수 있다. 내 편집자는 아들과 낮 시간 동안 떨어져 있어야 한다는 사실이 안타까워 아이가 아침에 침대에서 내려오기 전에 소리 내어 책을 읽어주었다. 엄마와 아들이 함께 특별한 시간을 나누며 하루를 시작하는 것이다.

내 편집자가 이 이야기를 해주었을 때 나는 거의 믿지 않았다. 그와 같은 일과가 내게는 금시초문이었기 때문이다. 나는 정말이지 말도 안 되는 방식이라고 생각했다. 그녀의 집 시계는 우리 집의 시계와 전혀 다르게 움직이는 게 틀림없었다.

클로에가 어렸을 적에 우리 집은 아침이면 늘 난장판이었다. 가족 모두 집 밖으로 나오기 전까지 반드시 한 번은 기나긴 소리 지르기 시합이 열리곤 했으니까.

모든 가정에는 저마다의 방식이 있다. 한 가정에 좋은 방식이 다른 가정에는 재앙을 불러일으킬 수도 있다. 그러니 우리는 그저 각자에게 맞는 방식을 택하면 된다. 중요한 것은 소리 내어 책을 읽어준다는 그 자체다.

하지만 규칙적으로 '의식'을 치르듯 책을 읽어주어야 할 때도 있다. 이 의식은 매일 밤 같은 장소에서 같은 시간대에 같은 쿠션이나 베개, 봉제 동물 인형을 놓고 같은 책으로 진행해야 한다.

저명한 인류학자인 마거릿 미드Margaret Mead는 아이들이 예측 가능하고 안전한 생활을 누려야 할 뿐 아니라, 실제로 그들이 안전하다고 느낄 만한 규칙적인 생활 방식이 있어야 한다고 주장한다. 그러므로 책 읽어주는 시간은 아무 때나 자유롭게 정해도 좋지만, 아이가 잠자리에 들 때에는 반드시 책을 읽어주어야 한다.

만약 책 읽어주는 일과를 한 번 건너뛰기 시작하면, 그 시간은 가족의 하루 일정에서 아예 빠져나가버리고 말 것이다. 소리 내어 책을 읽어주는 일을 다시 시도하기가 상당히 부담스러울 수도 있다.

우리 아이의 읽고 쓰는 능력 개발과 책 읽어주는 시간에 오가는 애정이 넘치는 상호작용보다 세상에서 더 중요한 것이 또 있겠는가? 이런 말이 책을 읽어주어야 하는 타당한 이유가 되기에는 좀 고루하게 느껴지는가? 분명 그렇지만은 않을 것이다. 책을 읽어주지 않았을 때 아이가 치를 대가가 너무 크기 때문이다.

언제까지 읽어주어야 할까

아이가 스스로 책을 읽을 수 있게 되고 나서도 우리가 책을 읽어주길 원한다면 더 읽어주는 편이 좋다. 내가 아는 한 대학 강사는 자녀가 10대 후반이 될 때까지 책을 읽어주었다. 그때 그녀는 아이가 혼자서는 결코 매력을 느끼지 못할 책과 시들을 읽어주었다.

다 큰 남자아이에게 책을 읽어주기 가장 좋은 때는 언제일까? 사람들은 대부분 "절대 없죠"라고 대답할 것이다. 과연 그럴까?

내가 가장 좋아하는 프랑스의 교사이자 작가인 다니엘 페낙Daniel Pennac은 《소설처럼Comme un Roman》이라는 책에서 다 큰 아이들에게 책을 읽어주어야 하는 이유를 설득한다. 읽기 자체에 관심을 잃은 다 큰 아이들, 그중에서도 특히 남자아이들에게 초점을 맞춰 페낙은 아이들을 사랑스런 책과 읽기의 세계로 돌아오게 하는 방법을 세련되고 감동적으로 설명한다. 그 비결은 바로 소리 내어 책 읽어주기다.

6
책 읽어주기의 탁월한 방법들

책을 잘 읽어주어야 하는 이유

한 미국인 아버지가 다짜고짜 내게 물었다. "도대체 책 읽어주기라는 건 어떻게 합니까?" 나는 당황한 나머지 한동안 말문이 막혔다. 어떻게 해야 하는지는 너무도 분명하지 않은가? 그러다가 문득 소리 내어 책을 읽어주는 환경을 경험하지 못하고 자란 사람이라면 어려운 일일 수 있겠다는 생각이 들었다. 나는 이렇게 말하고 싶었다.

"음, 잘 아시겠지만 우선 책을 고르세요. 그런 다음 아이를 데려와서 함께 자리에 앉아 아이에게 책을 읽어주면 된답니다."

워낙 간단한 방법이어서 구태여 말로 설명하기 난감할 정도였다.

소리 내어 책을 읽어주는 장면을 상상해보면, 이야기를 들려주는 동안 어른이 커다란 의자나 소파에 앉아 아이를 무릎에 앉히거나 혹은 바싹 끌어안은 모습이 떠오른다. 어른이 눈을 동그랗게 뜬 아이를 감싸 안고 침대에 앉거나 누워 있을 수도 있다.

이때의 경험은 언제나 환상적이다. 감정을 더 많이 담아 책을 읽어줄수록 그 경험은 더욱 근사해진다. 책을 좋아할수록, 아이는 책 읽는 시늉을 더 많이 한다. 책 읽는 시늉을 많이 할수록 아이는 더 빨리 책 읽는 방법을 배운다. 그러므로 단지 소리 내어 읽어주는 것만으로는 충분하지 않다. 잘 읽어주어야 한다.

아이에게 책을 읽어줄 때 우리는 책의 내용을 이미 알고 있게 마련이다. 다만 읽으려는 책은 반드시 좋아하는 책이어야 한다. 그래야 5,000번 넘게 읽더라도 책을 향한 열정을 자연스럽게 간직할 수 있다. 책을 읽으면서는 우리 몸의 위치와 눈에 담긴 표정, 아이와의 시선 교환, 목소리의 변화, 전반적인 얼굴의 생기 등을 제대로 인식해야 한다.

　최대한 감정을 표현하려고 애써야 한다는 점 말고는 소리 내어 책을 읽어주는 데 알맞은 방법은 따로 없다. 우리는 자신만의 고유한 소리를 내어 읽는 방법을 터득하게 될 것이다. 예컨대 《코알라 루 Koala Lou》의 시작 부분을 읽을 때면 내 목소리는 매번 같은 어조로, 같은 노래를 느리게 부르며 위아래로 오르락내리락한다.

　　　옛날에 아-아-기 코알라가 살았어요.
　　　너무 보-오-드랍고 도-옹그랬어요.
　　　코알라를 보면 모-오-두 사랑에 빠졌지요.
　　　아기 코알라의 이-이-름은 코-알-라 루였어요.

눈과 목소리로 책 읽어주기

우리 목소리의 높낮이나 우리가 잠시 멈추어 강조하는 부분을 어린 아이들은 말 그대로 음악처럼 듣는다. 그리고 아이들은 모두 음악을 좋아한다. 앞에서도 말했듯, 어조가 단조로우면

한결 기억하기 쉽기 때문에 같은 책을 되풀이해서 정확히 똑같은 방식으로 읽어주는 편이 훨씬 효과적이다. 단어의 '어조'를 빨리 알아들을수록 아이는 더 빨리 기억하고, 우리와 같은 방식으로 혼자서 책을 '읽는' 데 재미를 느끼게 된다.

소리 내어 책 읽어주기는 눈과 목소리가 중요한 역할을 하는 예술 행위다. 지금부터는 눈과 목소리를 제대로 활용하는 몇 가지 방법과 이야기를 더욱 재미있게 읽는 방법을 살펴보겠다.

이야기의 정서적 가치를 눈으로 표현하지 않는다면 이야기의 귀중한 자산을 낭비하는 셈이나 다름없다. 러시아의 위대한 희곡 연출자인 스타니슬랍스키Konstantin Stanislavsky는 "눈은 마음의 창"이라고 말했다. 하지만 안타깝게도 책을 읽을 때 이 마음의 창에 장막이 드리워지는 경우가 많다.

이야기는 입으로 흘러나오는 것만큼이나 눈으로도 흘러나와야 한다. 눈으로 표현하는 것은 생각보다 어렵지 않다. 눈을 크게 혹은 가늘게 뜨거나 눈으로 '생각하고', '놀라고', '겁에 질리고', '듣고', '행복해하고', '공포를 드러내는' 등 다양한 방법이 있다.

우리 목소리의 높낮이, 우리가 잠시 멈추어 강조하는 부분을 어린 아이들은 말 그대로 음악처럼 듣는다. 그리고 아이들은 모두 음악을 좋아한다.

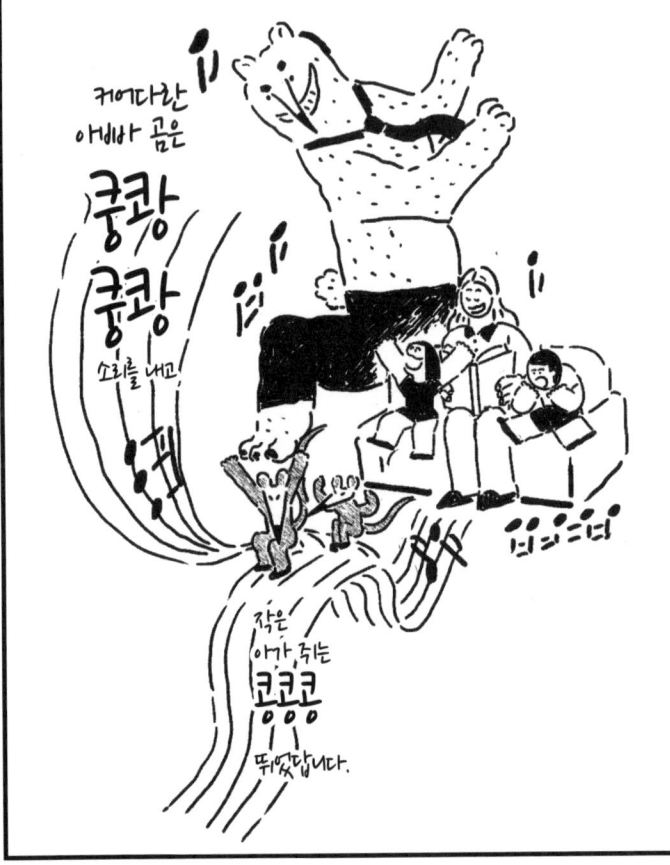

다음은 목소리다. 목소리에 집중하는 데 있어 가장 우려되는 것은 그릇된 방식으로 표현을 과장할 수 있다는 점이다. 어리석어 보이거나 혹은 아이가 당황하기를 원하는 사람은 없을 것이다. 우리는 적어도 책을 흥미진진하게 읽어주는 것을 목표로 삼아야 한다. 가식적이고 일부러 꾸민 듯하며 가르치는 목소리로 책을 읽어서는 안 된다. 그리고 무시하는 말투도 삼가겠다고 의식적으로 다짐해야 한다.

7가지 목소리로 읽기

작가들은 우리가 자신이 쓴 단어를 통해 배우며, 각각의 의도를 충실히 전달하기를 바랄 것이다. 작가의 의도를 해치지 않고 말이다. 한 예로 '덤불 속에서 소곤대는 음성'이라는 구절을 고함을 지르며 읽는 것은 분명 정신 나간 짓이다. '소곤대다'라는 단어 자체에 그것을 읽는 방법이 분명하게 담겨 있기 때문이다.

아이들이 책의 내용에 관심을 계속 유지할 수 있도록 하기 위해 우리는 적어도 다음 일곱 가지의 목소리 변주를 할 수 있다. 그중 시끄러운 목소리와 부드러운 목소리, 빠른 목소리와 느린 목소리, 높은 목소리와 낮은 목소리는 서로 대비를 이룬다. 그리고 잠시 멈추었다가 읽는 방법도 있다. 책 속 단어들이 일곱 가지 목소리 중 어떤 것을 선택해야 할지 직접 알려줄 것이다. 따로 화술 훈련을 받을 필요는 없다. 집중만 하면 충분하다.

목소리 변주의 예는 내 책에 나오는 예문에도 자세히 설명되어 있다. 우리 가족이 무척 사랑하는, 아홉 살 된 아이의 깜짝 생일 축하 파티를 계획하는 내용을 다룬 《한밤의 소란 Night Noise》에서 부드러운 목소리의 예를 살펴보자.

저 멀리 어딘가에서 차 문이 살짝 열렸다가 닫혔습니다. **찰칵, 딸칵**. 사람들은 깨금발을 하고 오솔길로 지나갔지요. **살금, 살금**. 덤불 속에서 소곤대는 목소리가 들렸습니다. **중얼, 중얼, 쉿**.

시끄러운 목소리의 예도 있다.

주먹으로 문을 두드리고 창가에서 소리치는 목소리

가 들렸다. **야, 철커덕, 쾅, 쾅, 쾅.**

느린 목소리는 주로 책의 가장 어두운 순간에 많이 사용된다. 예컨대 《신성한 움뱃Divine Umbat》에서 무대 공포증이 있는 움뱃이 연극 〈예수의 탄생Nativity〉의 한 배역에 지원했다가 떨어지는 장면은 느린 목소리로 읽을 때 효과적이다.

이제 더 이상 남은 역할이 없었다. 움뱃은 고개를 깊숙이 숙이고 울지 않기를 기도했다.

빠른 목소리는 두말할 필요도 없이 글의 속도감 있는 부분이나 흥분과 극적인 사건으로 가득 찬 부분에 어울린다. 아래 내용은 《코알라 루》에서 아기 코알라 루가 가장 높은 희망이 걸린 부시 올림픽에서 중요한 역할을 맡는 장면이다.

코알라 루는 나무 위로 뛰어올라갔다. **위로, 위로, 또 위로** 기어올랐다. **높이, 높이, 더 높이,** 그리고 **빨리, 빨리, 더 빨리** 마침내 코알라 루가 맨 꼭대기에 오를 때까지! 지켜보는 사람들이 환호성을 지르며 손뼉을 치고 발을 굴렀다.

빠른 목소리처럼 높은 목소리도 커다란 흥분을 자아내거나 극적인 사건이 일어나는 순간에 사용할 수 있다. 《해티와 여우》에서 검고 커다란 암탉인 해티가 마침내 덤불 속에 있는 끔찍한 동물의 정체를 알게 되자 이렇게 말한다.

"어머나, 세상에! 덤불 속에서 코와 두 눈, 두 귀, 몸통, 네 다리와 꼬리가 보이잖아! 여우다. 여우야! 해티는 재빨리 근처 나무로 달아났다."

낮은 목소리는 이야기의 깜짝 놀랄 만한 대목이나 해적 혹은 거인처럼 목소리가 낮아야 하는 등장인물에 제격이다. 여섯 노인이 등장하는 《할머니의 기억은 어디로 갔을까?Wilfrid Gordon Mcdonald Partridge》는 각각의 인물에 차이를 주기 위해 목소리를 다르게 내야 한다. 윌프리드는 나이 많은 친구 중 한 사람인 '거인과 같은 목소리'를 가진 드리스데일 씨를 찾아가 기억이란 무엇이냐고 질문한다. 드리스데일 씨가 아래와 같이 대답한다. 틀림없이 아주 중후한 목소리로 말했을 것이다.

"젊은이, (기억이란) 천금같이 소중한 것이라네.
천금같이 소중한 것."

잠시 멈추는 것은 이야기의 분위기가 극적으로 바뀌거나 실제로 등장인물이 잠시 멈춘 상황에서 말할 때 사용하면 효과적이다. 《해리엇은 날 미치게 해Harriet, You'll Drive Me Wild》에 나오는 다음 대목에서 성가시기 짝이 없는 어린 해리엇은 하루 종일 사고를 치기 일쑤다. 소동이 벌어지는 동안에도 엄마는 냉정을 잃지 않으려 애쓰지만 해리엇과 강아지가 실수로 베개를 찢자 결정적인 순간이 찾아온다.

수천 개의 깃털이 사방으로 흩어졌다. [잠시 길게 멈추고] 끔찍한 침묵이 흐른다. [잠시 길게 멈추고] 해리엇의 엄마가 고함을 치기 시작했다. [잠시 멈추고] 고함을 치고 고함을 치고 또 고함을 쳤다.

단어의 중요성

로즈 브루포드Rose Bruford는 1960년대 런던의 로즈 브루포드 연극학교에서 내가 아는 세상에서 가장 재능 있는 연극 작가다. 나는 그녀에게 이야기를 읽고 들려주는 방법을 배웠다. 그녀는 스토리텔링을 그 자체로 예술의 형태로 되살리려 애쓴 두 시인, W. B. 예이츠W.B. Yeats와 존 메이스필드John Masefield에게 스토리텔링을 배웠다.

거장들과 함께 일한 덕분에 브루포드는 이야기를 들려주거나 소리 내어 책을 읽어줄 때 각각 단어의 구체적인 특성에 불가사의할 정도로 관심을 쏟는다. 단어들을 사랑하여 단어 하나하나에 집중하고 각각의 단어에 숨은 의미를 드러내어 매혹적인 세상을 창조했다. 죽어 있던 문장이 생명을 얻었고, 중요해 보이지 않던 단어들이 각 장에서 솟구쳐 올랐다.

소리 내어 이야기를 읽는 동안 단어의 사소한 의미를 살리려 노력하면 우리도 그녀와 마찬가지로 매혹적인 세상을 창조할 수 있다. 언뜻 보기에 중요하지 않은 단어가 실제로 얼마나 중요한지를 설명하기 위해《잠자는 곰Sleepy Bear》의 다음 예문에서 '뛰어오르다'라는 단어를 '기어 다니다' 혹은 '기어오르다'로 바꿔보겠다.

그래서 어린 곰들은 부드러운 깃털 침대로 **뛰어올라** 최대한 빨리 덮개를 끌어 올렸다.

이 대목에서 '뛰어오르다'라는 단어는 대단히 중요하다. 단어가 전달하는 에너지와 속도 때문이다. '기어 다니다' 혹은 '기어오르다'는 마지못해 한다는 느낌이 든다. '뛰어오르다'로 쓰였을 때 우리는 최대한 뛰어오르는 듯한 느낌을 살려 읽어야 한다.

마찬가지로 《코알라 루》의 다음 구절에서 '가득 차다'라는 단어는 무척이나 중요하고 강렬한 의미를 띤다.

루는 무리 속에서 엄마를 발견하고 엄마가 "코알라 루, 널 정말 사랑해!"라고 다시 말하는 걸 상상했다. 루의 마음속이 희망으로 **가득 찼다**.

'가득 차다'는 덜 중요하며 평범하고 사소한 단어로 보여 소리 내어 읽을 때 단어의 특성을 살려 읽어야 한다는 점을 잊기 쉽다. 하지만 위의 문장은 다양한 의미를 전달하기 위해 쓰였기 때문에 '가득 차다'라는 단어를 읽을 때 목소리에 활기찬 기운을 덧입혀야 한다.

이와 같이 우리는 단어 각각의 특성과 얼핏 봐서는 평범해 보이는 개개의 단어를 파악하고 음미할 줄 알아야 한다. 우리가 사랑하는 단어들은 아이도 사랑할 것이다. 단어를 사랑하는 아이는 말하고 쓸 때 단어 사용을 즐길 것이다.

단어의 소리를 사랑하면 단어를 다시 읽었을 때 더 잘 이해하게 될 것이다. 익숙한 단어들이 생긴다는 것. 이것이야말로 소리 내어 읽기의 또 다른 놀라운 장점이다. 예전에 자주 들어 익숙해진 단어들은 그렇지 않은 단어들보다 훨씬 더 읽기 쉽다.

마지막으로 소리 내어 읽는 동안 그 내용을 상상해보자. "코알라 루는 역기를 들어 올리고 숨을 헐떡거렸다."《코알라 루》에 나오는 문장이다. '들어 올리다'는 평범하고, 심지어 틀에 박힌 단어처럼 보인다. 하지만 우리가 이 장면을 눈으로 직접 보고 목소리로 들어 올리는 느낌을 표현한다면, 그 단어를 읽을 때 고개를 위로 치켜들어 들어 올리는 감각을 직접 느끼고 눈으로 그 느낌을 전달한다면, 아이는 '들어 올리다'라는 단어를 진심으로 느끼게 될 것이다.

이야기에서 중요한 처음과 마지막

이야기의 첫 줄은 반드시 충격적으로 전달해야 한다. 첫 줄에서 아이의 마음을 사로잡아 책에서 절대 관심을 잃지 않도록 하는 데 그 목적이 있다.

《포섬의 기적》의 첫 장면, "옛날 옛적, 하지만 아주 오래전은 아닌 시절, 오스트레일리아의 어느 수풀 깊은 곳에 포섬 두 마리가 살았어요" 같은 문장도 '옛날 옛적'이라는 말 뒤에 한참 쉬고, 이어지는 문장을 마저 읽어도 괜찮은지 살펴보듯이 은근슬쩍 빠르게 주위를 둘러본 다음 '깊은'과 '두 마리'라는 단어를 강조해서 읽으면 대단히 매력적으로 들린다. 갑자기 첫 장면이 활기를 띠기 시작한다.

첫 줄은 우리의 청중을 끌어 모아 힘차게 붙들어야 하는, 소리 내어 읽어주기 의식의 환영사나 다름없다. 우리는 첫 줄을 인상적으로 읽는 것이 이야기 속 단어들을 통해 "자, 안녕!

어서 와. 너랑 함께하다니 정말 근사하다"라고 말하는 것임을 깨달아야 한다.

사범학교 학생들에게 읽기와 쓰기를 가르치는 방법에 대해 강의하던 시절, 수업 시간에 다뤄야 할 자료가 너무 많았다. 안타깝게도 한 학기를 통틀어 소리 내어 읽기를 가르칠 시간은 고작 한 시간뿐이었다. 하지만 학기를 마치면서 나는 깜짝 놀라고 말았다. 학생들이 소리 내어 읽기를 매우 잘했기 때문이다.

나는 의문이 생겼다. "나에게 교육받은 시간이 얼마 안 되는데 다들 어쩌면 저렇게 잘하지?" 그 답은 내가 규칙적으로 그리고 자주 소리 내어 읽으며 강의를 진행하는 모습을 보고 들으면서 학생들 스스로 그 방법을 깨달았던 것이다. 내가 수업 때마다 책을 소리 내어 읽은 것이 효과가 있었던 것이다. 학생들은 귀와 눈으로 소리 내어 읽기를 익혔다.

<u>책을 읽을 때 풍부한 표현력을 동원하면 듣는 사람은 책의 내용을 오래 기억하게 된다.</u> 아이들도 마찬가지다. 아이들은 우리가 읽은 방식과 똑같은 방식으로 책을 읽는다. 우리가 최대한 생기 있게 그리고 목소리를 다양하게 바꾸어가며 책을

읽어야 하는 이유가 여기에 있다.

이제 결말과 관련된 부분을 살펴보자. 이야기에서 마지막 줄은 첫 줄보다 중요하다. 책의 마지막 줄은 교회 예배가 끝날 때 마지막에 덧붙이는 "아멘"처럼 들려야 한다. 그리고 "잠시 동안 안녕, 잘 가렴. 신의 축복이 함께하길. 푹 쉬어. 내 옆에서 넌 안전할 거야. 사랑한다. 금방 다시 만나"라고 이야기하는 듯한 안도감을 주어야 한다.

결말을 잘못 읽으면 이야기를 심각하게 망칠 수 있다. 그러니 읽을 단어를 완벽하게 꿰뚫어서 읽을 때 더듬거리지 말아야 한다.

다음은 《깃털과 바보들》의 마지막 줄이다.

그래서 두 사람은 평화롭고 대담하게 자리를 떴다.
하루를 시작하고 세상과 함께하기 위해서였다.

소리 내어 책 읽기 워크숍에서 참가자들과 위 문장을 읽는다. 나는 언제나 제일 마지막에 읽는다. 위 문장을 충분히 천천히 읽을 수 있는 사람이 나밖에 없기 때문이다. 오랜 시간 동안 스스로 훈련해야 위 문장을 오래 끌 수 있다. 마지막 줄을 천천히 읽을수록 아이는 더 큰 만족감을 느낀다.

마지막 줄이 아이에게서 철저히 멀어져 아이와 완벽한 작별을 하면 감정적으로 놀라운 효과를 거둘 수 있다. 우리는 마지막 문장을 읽으면서 아이를 우리에게서 놓아 보낸다. 마지막 줄을 충분히 오래 끌지 않으면 아이는 왠지 부족하고 불안정하다고 느낄 것이다. 이야기가 갑작스럽게 끝이 나면 무언가 잘못되었다고 느낄 것이다. 하지만 천천히 끝을 맺으면 소리 내어 책 읽기는 절대적으로 감미로운 경험이 된다. 책을 읽어주는 이와 듣는 아이 모두 "그래서 오래오래 행복하게 살았답니다"와 비슷한 황홀경에 빠질 것이다.

소리 내어 책을 읽으면서 목소리로 얼마나 재미있는 일을 할 수 있는지를 글로 모두 설명하기는 어렵다. 대신 인터넷으로 위에 소개한 예문을 내가 직접 소리 내어 읽는 것을 들을 수 있다. 소리 내어 읽은 책 세 권도 올려두었다. 사이트 주소는 http://www.memfox.net이고, 'For everyone : current read alouds' 목록에서 확인할 수 있다.

7

소리 내어 책 읽어주기 활용법

아이가 흥미를 잃지 않아야 한다

책을 찾고, 아이를 불러 자리에 앉혀 아이에게 책을 읽어주는 일은 그 자체로도 충분히 멋지다. 우리가 반드시 해야 하는 일이기도 하다. 하지만 우리의 열렬한 청자에게 훨씬 많은 재미와 더 큰 혜택을 제공하며 소리 내어 책 읽는 시간을 더욱 풍성하게 만들 수도 있다. 함께 읽는 책으로 놀이를 하는 단순한 방법으로도 얼마든지 가능하다.

아이에게 읽고 쓰는 능력의 굳건한 토대를 마련해주는 데 특별한 재능이나 지식은 필요하지 않다. 훈련과 기술, 무시무시한 연습용 교재, 값비싼 프로그램도 필요없다. 난데없이 아이의 교사가 되려 해서는 안 된다. 아이에게 소리 내어 책을 읽어줄 때 우리는 반드시 자기 자신이어야 한다. 즐거움이야말로 최고의 스승이다. 정교함 역시 훌륭한 스승이다.

내 편집자는 이 책의 초고를 읽다가 공황 상태에 빠졌다.

"대체 '풍성하게 만들고', '가르치려' 들지 않아야 한다는 게 무슨 뜻이죠? 책을 읽어줄 때 어떻게 하라는 거예요?" 그녀가 물었다.

"자연스럽게 행동하라는 거죠. 평소 책을 읽던 것과 다르게 행동하려 하지 말고요."

"그렇다면 만약 오리와 피리에서 운율을 찾아냈다면, 오리랑 피리…… '이먼, 이게 운율이라는 거야. 오리와 피리. 이렇게'라고 말하면서 계속 책을 읽으라는 거네요. 그런 뜻인가요? 그렇다면 이미 하고 있는 것 같아서요."

"바로 그거예요."

책 읽기는 놀이처럼

아이가 학교에 들어가기 전까지는 정식으로 아이를 가르치려

해서는 안 된다. 유치원생인 아이를 가르치려 드는 것은 완전히 정도를 벗어난 행위다. 소리 내어 읽으면서 가르치려 들다가는 효과가 있을 만한 모든 노력을 거스르게 된다.

학교에 들어가기 전에 부모가 먼저 가르치면 아이는 책 읽는 즐거움을 맛보지 못한다. 아이는 부모가 부모이길 바라지 교사이길 바라지 않는다. 부모와 교사의 역할은 완전히 다르기 때문이다. 부모는 느긋하게 같이 놀자는 마음으로 아이에게 편안함을 주고 긴장을 풀어주는 역할을 해야 한다. 부모의 역할은 아이가 처음 책을 읽기 시작할 때부터 책 읽기를 사랑하도록 이끌어, 마침내 스스로 책을 읽을 줄 알게 하는 데 결정적인 영향을 끼친다.

아이의 두뇌는 이미 놀라울 정도로 뛰어나며, 태어나는 순간부터 두뇌에 자극을 주어야 한다는 사실을 알기 때문에 소리 내어 책을 읽어주어야 한다는 의무 앞에서 긴장하는 부모가 있을지 모르겠다. 읽어주는 양이 부족해서 잘못되면 어떻게 하지? 실수하면 어쩌지? 너무 많은 것을 기대하는 건 아닐까?

소리 내어 책을 읽는 일이 사뭇 대단해 보여 겁에 질리는 부모도 있다. 특히 부모 중 한 명이나 혹은 둘 다 직장 일로 바쁜 경우에는 더욱 그렇다. 이런 부모들은 심장이 내려앉는 것 같은 기분을 느낀다. 완전히 지친 기색으로 앉아 "제 삶은 이미 스트레스로 폭발할 지경이에요. 더 이상은 무리라고요. 책을 읽어주는 동안 아이를 가르치라는 거예요, 말라는 거예요? 대체 뭘 어떻게 해야 하는 거냐고요?"라며 항의하고 싶을 수도 있겠다.

그들에게 내가 제일 처음 하는 충고는 당황하지 말라는 것이다. 부모는 책을 읽어주는 내내 즐거워야 하고 침착해야 한다. 절대로 허둥대서는 안 되며, 분별력을 갖추어야 한다. 일단 아이에게 소리 내어 책을 읽어주기 시작한 이상은 자신이 하던 바를 완전히 바꾸기는 어려울 것이다. 그리고 아직 소리 내어 책 읽기를 시작하지 않았다면 가능한 한 빨리 시작해야 한다!

앞으로 우리는 행복한 경험을 제공하고, 배운다는 것을 재미있게 만들어줄 자연스러운 책 읽기 놀이를 하게 될 것이다. 책으로 하는 놀이는 아무런 계획이나 기대 없이 한 아이에게 온전히 맞추어 진행할 때 가장 효과적이다. 이 놀이의 목적은 아이에게 다른 누군가가 만든 일련의 방식을 강요하는 데 있지 않다. 클로에가 새로운 것을 찾아 같이 놀자고 말하기에 적절한 순간이 올 때마다 나는 간단한 놀이를 만들곤 했다. 다른 부모들도 나와 비슷한 방식으로 아이와 함께 놀아주면 된다. 이 책에 소개된 사례들은 가능성을 보여주는 표지판일 뿐 정확한 방법을 알려주는 처방전이 아니다.

내 친한 친구이자 동료인 린 윌킨슨 역시 아이와 함께 책 읽기는 경쟁이 아니라 놀이여야 한다고 믿는다. 린이 어렸을 때 그녀의 아버지는 딸에게 소리 내어 책을 읽어주며 다양한 놀이를 시도했다. 그는 교사도 아니었고, 읽기를 가르치는 방법에 대해서도 전혀 몰랐다고 말할 것이다.

하지만 그는 린이 책을 들고 페이지를 넘기는 방법을 확실히 안다는 것을 이해했고, 그래서 일부러 딸에게 책을 마지막 장부터 읽으라고 말하며 장난치곤 했다. 그러면 린은 "아니야, 아빠! 그렇게 읽으면 안 돼. 이렇게 읽어야지"라고 말하며 맨 앞 장을 가리켰다고 한다.

가끔 린의 아버지는 책을 거꾸로 뒤집어서 들기도 했는데 그럴 때면 린은 아버지를 세상에서 가장 한심한 바보라도 되는 듯이 대하며 책을 똑바로 펴 들었단다. 린의 아버지는 분명 가르치고 있었다. 가르치지 않고도 가르쳤다! 놀이를 하면서 가르쳤기 때문에 가능한 일이었다.

린의 아버지가 벌인 또 다른 바보 같은 행동은 《빨간 망토 Little Red Riding Hood》라는 책을 가져와 이렇게 읽기 시작하는 것이었다. "옛날 옛적에 아기 돼지 세 마리가 살았어요……."

그러면 두 이야기 모두 잘 아는 린은 그림을 보면서 이렇게 말했다. "아빠, 아니잖아. 안 보여? 이 책은 《빨간 망토》야. 《아기 돼지 세 마리》가 아니라고!"

여기서 다시 한 번 그는 가르침의 요점을 명확하게 보여 준다. 바로 그림책을 읽을 때는 그림과 단어가 서로 조화를 이루어야 한다는 것! 그저 바보 같은 짓을 하면서 말이다.

이쯤에서 어린아이들에게 책 속의 그림이 얼마나 중요한지 짚고 넘어가는 것이 좋겠다. 그림이 나오는 부분을 절대 건너뛰어서는 안 된다. 그림 속에는 수천 수만 가지 단어가 담겨 있고, 그림들이 이야기의 행동을 설명하는 데 도움이 되기 때문이다. 심지어 소리 내어 책을 읽어주면 책을 전혀 읽지 않을 수도 있다. 그림을 보면서 이런저런 이야기만 나눈다. 아이가

제2부 어떻게 읽어주어야 할까

어릴수록 함께 그림을 보며 많은 이야기를 나누어야 한다. 그러다 보면 아이가 먼저 대화를 주도하는 경우도 자주 생길 것이다.

단어 찾기 놀이

소리 내어 책 읽어주기의 경험을 풍성하게 만들려고 노력할 때는, 린의 아버지처럼 가르치려 들지 말아야 한다는 사실을 거듭 마음에 새기는 것이 중요하다. 그저 아이와 함께 놀며 즐거운 시간을 보내면 된다. 아이가 부담을 느낄 만한 행동은 철저히 삼가야 한다. "아니, 그게 아니야! 틀렸어! 바보 같은 소리 하지 마!"라는 말이 부주의하게 입에서 흘러나오지 않도록 주의해야 한다. 절대 긴장이나 부담이라는 요소가 개입되어서는 안 된다. 즐겁지 않다면 소리 내어 책을 읽어준들 아무런 소용이 없다.

책으로 다채로운 놀이를 하면서 근사한 이야기를 되풀이해 들려주면 아이는 이야기에 빠져들어 책을 사랑하는 법을 배운다. 더불어 책을 읽을 줄 안다는 자체를 즐기게 되어 대단히 바람직한 독서 태도가 형성된다. 이런 태도야말로 책 읽기에 정말 중요하다. 책과 책에서 얻는 가치에 긍정적인 태도를 갖추지 않고서 읽기를 배우기란 대단히 어렵기 때문이다.

내가 쓴 짧은 책인 《용감한 보리스Tough Boris》를 예로 들어 아이와 함께할 수 있는 놀이를 더 소개하겠다. 우선 그 전문을 보자.

옛날 옛적에 보리스 폰 데 보르슈라는 이름의
해적이 살았어요.
보리스는 용감했어요.
해적은 모두 용감해요.
보리스는 뚱뚱해요.
해적은 모두 뚱뚱해요.
보리스는 지저분해요.
해적은 모두 지저분해요.
보리스는 탐욕스러워요.
해적은 모두 탐욕스러워요.
보리스는 겁이 없어요.
해적은 모두 겁이 없어요.
보리스는 무시무시해요.

절대 긴장이나 부담이라는 요소가 개입되어서는 안 된다. 즐겁지 않다면 소리 내어 책을 읽어준들 아무런 소용이 없다.

해적은 모두 무시무시해요.
하지만 키우던 앵무새가 죽자 보리스는 울고 또
울었어요.
해적이 모두 울었어요.
나도 같이 울었어요.

이 책을 읽으면서 가장 처음 할 수 있는 명백한 놀이는 이 책을 한 번 읽고, 또 읽고, 한 번 더 읽고, 그런 다음 또다시 읽는 것이다. 좋아하는 책은 아무리 많이 읽어도 질리지 않는다. 소리 내어 책을 읽는 동안 아이가 책을 볼 수 있게 해 우리 목소리가 단어들을 하나씩 지나갈 때 아이가 눈으로 따라 본다면 반복해서 읽는 효과가 훨씬 커질 것이다. 굳이 손으로 짚어가며 읽을 필요는 없다. 아이는 같은 단어를 반복적으로 확인하면서 단어의 구성 방식을 차츰 이해하게 될 것이다.

이제부터 아이가 눈으로 글자를 주의 깊게 읽을 수 있도록 도와주는 '단어들을 보라' 놀이를 소개하겠다. 우선 다음 대화를 아이와 직접 나눠보자.

('용감'이라고 적힌 두 단어를 가리키며 외친다.)

"이거 봐, 여기 이 단어랑 저 단어랑 같지! 둘 다 '용감'이라고 되어 있잖아. 정말 놀랍다. 모든 장에서 같은 단어가 계속 나올 것 같은데? 정말 그런가? 와, 진짜 대단한데!"
(한 장을 넘긴다.)
"그래, 여기 '뚱뚱'이라는 단어가 있네. 여기도 똑같은 단어가 있지. 또 '뚱뚱'이 나오잖아. 다음 페이지에는 뭐가 나올지 궁금하다."
(한 장을 넘긴다.)
"'지저분'이다! 봐봐! 여기 '지저분'이라고 나오지? 다른 데서도 이 단어를 찾을 수 있을까? '지저분'은 '지'로 시작하는데 '지'가 어떤 모양이냐면……."
(아이에게 '지'를 보여준다.)
"그래, 맞아. 그게 '지저분'이야. 훌륭한데!"

이처럼 모든 과정은 놀이로 진행되어야 한다. 우리의 사랑스러운 아이가 단어를 찾지 못하면 슬쩍 단어를 찾아준 다음 아이가 스스로 찾은 척 행동하면 된다. 그리고 단어를 찾느라 애쓴 아이를 꼭 안아주자. 절대로 아이가 긴장해서는 안 된다. 긴장감으로 관계를 망친다면 모든 노력이 헛수고가 되고 말 것이다.

위에서 소개한 놀이와 비슷한 여러 놀이를 하며 시간을 보내다 보면 아이는 점차 이야기 속에서 보리스를 설명하는 모든 단어를 알아볼 것이다. 용감한, 뚱뚱한, 지저분한, 탐욕스러운, 무시무시한 같은 단어들 말이다.

/ / /

책으로 놀이를 할 때는 아이가 신나서 즐겁게 참여할 수 있는 이야기로 시작해야 한다. 이때 이야기는 수차례 읽어 익숙해질 수 있는 것이어야 한다. 놀이가 계속 이어지면 아이는 각각의 단어를 알아보고 단어들을 소리 내어 읽을 수 있게 된다.

예를 들어 《용감한 보리스》를 다시 읽은 다음, "그거 알아? 내가 보기에는 이렇거든? '해적'이라는 단어가 이 책의 모든 장에 나오네. 자, 여기에도 있잖아. 다음 장에도 나오네. 다른 장에 또 나오지 않을까? ('ㅎ'을 가리키며) 이렇게 생긴 'ㅎ'으로 시작하는데, 여기에는 두 단어가 따로 떨어져 나오잖아. '그'가 있고, '했어요'가 있지? 같이 찾아볼까? 혹시 모든 장에

이 두 단어가 나오지는 않을까? 물론 아닐 수도 있겠지."

그러면 아이가 '그'와 '했어요'라는 두 단어를 찾아낸다. 우리는 속으로 '우리 애는 참 똑똑해'라고 생각하고 실제로는 "정말 재밌지 않니?"라고 말한다.

이야기의 다른 장에 공통적으로 나오는 모든 단어, 예컨대 '그'가 들어간 '그리고'와 '그래서', '그림' 같은 단어를 계속 찾아볼 수도 있다. 반드시 소리 내어 책 읽어주기가 가르치는 게 아니라 놀이라는 점을 항상 유념해야 한다. 가르치는 것이 아니라 즐거운 마음으로 아이와 함께 시끌벅적하게 놀면 된다.

글자에 관하여

아이들은 대체로 매우 빠른 시기에 각각의 글자들을 익힌다. 하지만 많은 아이들이 '가/나/다/라'를 알긴 해도 활자로 보았을 때 각 글자를 구별하지 못한다는 것을 이해해야 한다. 아이가 학교에 들어가기 전에 개별 글자를 정확히 구별할 줄 안다는 것은 앞으로 성공적으로 책을 읽을 수 있다는 뜻이다.

어떻게 가르쳐야 아이가 활자 속에서 각 글자를 알아볼 수 있을까? 우선은 아이와 함께 단순하고 즉흥적인 놀이를 즐기면 된다. 예를 들어 책을 읽어주며 아이가 특정한 글자를 찾을 수 있는지 살펴본다.

"이게 '가'라는 글자구나. 그렇다면 이 장에서 '가'라는 글자를 전부 찾아볼까? 다음에는 네가 고른 장에서 내가 '가'를 전부 찾아볼게. 그러면 둘 중 누가 더 많이 찾았는지 알 수 있겠다."

만약 아이의 이름이 희원이라면 'ㅎ'이 들어간 단어를 찾아볼 수 있겠다. 또 부모의 이름이 지용이라면 희원이와 함께 책 안에서 'ㅈ'을 발견했을 때 깜짝 놀란 듯이 행동하며 놀이를 시작하면 된다.

"자, 여기 좀 봐. 이게 'ㅈ'이구나. 아빠 이름에도 'ㅈ'이 들어가는데. 이제는 희원이가 'ㅎ'을 찾을 수 있나 볼까. 여기 있네. 와아! 또 있다! 아주 좋아."

글자 익히기

아이와 냉장고 자석을 가지고 놀이를 하던 한 엄마는 처음에는 기대한 것만큼의 성과를 거두지 못했다. 하지만 이 엄마는 포기하지 않았다. 그녀는 나에게 자신의 딸이 얼마나 빨리 글자를 배웠는지 이야기해주었다. 이 어린 소녀는 만 두 살 반 때 이미 냉장고 자석으로 자기 이름을 만들 줄 알았다는 것이다.

딸의 눈부신 성장을 자랑스러워하던 그녀에게 아들이 생겼다. 하지만 속상하게도 아들은 책이나 단어, 혹은 글자에 전혀 관심이 없었다. 그런데 만 세 살이던 어느 날 갑자기 아들이 냉장고 자석에 무척 관심을 보였다. 냉동고 문을 열고 마치 농구 시합이라도 하듯이 자석을 하나씩 차례로 안으로 던져 넣는 것이었다. 이에 그녀도 뒤질세라 냉동고 안에 자석을 넣어 두었다가 가끔씩 얼어붙은 자석을 얼음에서 끄집어내어 홱 잡아당기며, "타일러, 여기 너의 꽁꽁 얼어붙은 e가 있구나. 여긴 네 꽁꽁 언 j가 있네. 정말 근사한걸?" 하고 말했다.

그렇지만 그 뒤로도 달라진 것은 없었다. 그러던 어느 날 타일러가 퇴근하고 돌아온 엄마의 팔을 잡아 당기며 말했다.

"엄마, 내가 뭘 했는지 좀 봐. 내 이름을 썼어."

냉동고에서 꺼낸 냉장고 자석들이 냉장고 앞에 별다른 순서 없이 한 줄로 죽 늘어서 있었다. 마침내 타일러의 머릿속에서 무언가가 번뜩인 모양이었다. 타일러는 실제로 자신의 이름을 정확하게 쓰지는 못했지만 자신만의 방법으로 읽기를 배워나가는 중이었다.

아이에게 글자를 가르치는 또 다른 방법은 비록 낙서에 지나지 않더라도 자꾸 글을 쓰게 하는 것이다. 믿기 어렵겠지만 글을 써보려고 노력하는 것이 아이가 스스로 읽는 방법을 깨우치는 가장 빠른 길 중 하나다.

아이에게 글을 쓰거나 혹은 쓰도록 노력하게 하면 아이는 매우 빨리 자신에게 필요한 글자 및 글자 간 조합을 배우게 된다. 처음에는 수많은 질문을 던지고 도움을 필요로 하겠지만, 꾸준히 할 수 있도록 격려하며 아이가 스스로 두뇌를 사용하도록 이끈다면 우리가 가르치기 전에 아이는 적극적으로 그리고 빨리 글자를 배워나갈 것이다.

아이들은 글 쓰는 것을 무척 좋아한다. 사실 어린아이들은 대부분 자신이 글을 쓸 줄 안다고 생각한다. 그런데 이상하게도 읽을 줄 안다고는 생각하지 않는다.

집 안 곳곳에 메모지와 작은 연습장, 전단지, 신문지 따위를 한가득 쌓아두어 아이가 돌아다니면서 주변에서 항상 뭔가를 읽을 수 있는 환경을 만들어주는 것도 좋은 방법이다. 다양한 필기구 역시 도움이 된다. 두툼한 크레용, 얇은 크레용, 연필, 색연필, 그리고 가구에 무슨 일이 생겨도 개의치 않는 부모라면 모험을 무릅쓰고 펠트펜과 볼펜을 꺼내놓을 수도 있겠다.

아이들은 쓸 줄 알게 되면 다음은 글자 일부를 소리 내어 발음하고, 다른 글자 일부의 이름을 익히게 된다.

이런 과정은 아이가 각각의 글자를 스스로 배우는 데 있어 매우 탁월한 방법이다. 특히 나이가 어린 학습자들에게 적극적으로 권장하는 방법이다. 나이가 많은 학습자에게는 적합하지 않은데, 아이가 만 여덟 살 무렵이 되면 글자를 제대로 파악해야 하는 이유가 그저 사회에서 요구하기 때문만은 아니라는 점을 이해하게 된다. 글자를 제대로 익혀야 하는 이유는 자신이 하고자 하는 말을 당황하거나 망설이지 않고 분명하게 전달하기 위해서다.

읽을 수 있다는 자신감이 중요하다

아이의 자존감을 키우기 위해서는 아이가 비록 각각의 단어를 실제로 알지 못하더라도 처음 시작할 때부터 '읽게' 하는 것이 중요하다. 아이는 하나의 멋진 이야기 전체와 단어 전체의 개념, 각각의 글자를 접하면 책 읽는 시늉을 할 것이다. 그리고 우리가 소리 내어 책을 읽어주는 것을 무척 많이 들었기 때문에 아이는 어렵지 않게 금방 우리를 따라한다. 아이는 차츰 모든 단어와 구절을 혼자서 '읽을' 수 있게 된다. 어떤 책이라도 반복해서 읽어주면 이 행위가 쉬워지며, 혼자서 읽는 데 성공을 거둔 아이는 자신감과 자부심이 높아진다.

다시 《용감한 보리스》를 보며 다음과 같이 시도해보자.

> 부모: 보리스는 용감해요.
> 아이: 해적은 모두 용감해요.
> 부모: 보리스는 뚱뚱해요.
> 아이: 해적은 모두 뚱뚱해요.

그런 다음 더 이상 책을 읽어주기 힘들다는 척하며 아이에게 《용감한 보리스》의 모든 내용을 '읽어'달라고 부탁한다.

아이가 실수를 하더라도 혼자서 '읽게' 내버려두자. 아이는 우리가 책을 읽던 대로 똑같이 침착하게, 똑같은 억양으로, 똑같이 유창한 방식으로 책을 읽으며 단어들을 직접 해독하는 척할 것이다.

아이가 책 읽어주는 소리를 하도 자주 들어 책 내용을 다 외우면서도 혼자서도 잘 읽는다는 생각을 하며 우리를 속이더라도 (아이는 정확한 순간에 책장을 넘기고 정확한 페이지에서 정확한 단어를 말할 수 있다) "그래. 내용을 다 외워서 줄줄 읽는 것뿐이겠지"라는 말로 아이의 노력을 깎아내려서는 안 된다.

어린아이에게는 정확한 순간에 책장을 넘기고 정확한 페이지에서 정확한 단어를 말한다는 것이 엄청난 성취이므로 결코 과소평가해서는 안 된다. 이것은 실제로 책을 읽는 단계로 나아가는 거대한 발걸음의 시작이기도 하다.

사실 아이가 책을 외우면 적절한 시기에 제대로 책을 읽기가 훨씬 더 쉽다. "좋았어. 나는 이 이야기가 어떤 내용인지 정확히 알고 이야기 속에 나오는 단어들도 전부 다 안다고. 그러니까 이제 활자를 보고 어떤 단어가 있는지 찾아봐야지. 이 단어는 '용'으로 시작하니까 '용감'이겠지. 어떻게 읽는지도 알아. 쉽네, 뭐"라고 중얼거리는 자신감에 찬 아이의 목소리가 들리는가.

아이에게 독이 되는 과욕은 금물

클로에는 만 여섯 살 때 외국에 사는 할아버지와 할머니를 위해 토미 웅거러Tomi Ungerer의 《라신 아저씨와 괴물Das Biest Des Monsieur Racine》을 소리 내어 읽으며 그것을 테이프에 녹음했다. 이 책은 매우 흥미로운 어휘들로 가득 찬, 놀랄 정도로 익살스럽고 장난스러운 그림책이다. 어린아이가 능숙하게 읽기에는 매우 어렵고 가끔은 이해하기도 힘들다. 하지만 클로에는 거의 다 외우다시피 한 이 책을 읽는 자신의 목소리를 테이프에 녹음하겠다고 주장했다.

클로에는 '뛰놀다' 대신 '떠놀다', '과학학회' 대신 '가학학해'라고 발음했다. 3장에서 언급한 이른바 유대감을 다지는 가족 간의 암호를 한층 더 강화하기 위해 우리 가족은 아직도 우리끼리 있을 때면 '뛰놀다'가 아니라 '떠놀다'라고 말하곤 한다. 어려운 단어 앞에서 고전하긴 했지만 클로에는 깜짝 놀랄 만큼 유창하게 책 읽기 녹음을 마쳤다.

시간이 흘러 리터러시 컨설턴트가 된 후 나는 우연히 클로에가 녹음한 테이프를 듣다가 정신이 번쩍 들었다. 클로에가 책을 읽을 때 그것을 녹음한 사람은 내가 아니라 남편 말콤이었다. 당시 말콤은 읽기를 가르치는 방법과 관련된 이론에 대한 이해 같은 것은 전혀 몰랐다. 대신 말콤은 클로에가 책을 읽는 동안 몰라서 헤매는 단어를 알려주었다. 클로에는 말콤 덕분에 매우 빠른 속도로 책을 읽어나갈 수 있었던 것이다.

'아무것도 몰랐던' 말콤과 달리, 나를 비롯한 많은 교사와 호의에서 아이를 도와주려는 부모들은 아이가 묻기도 전에 알지 못하는 단어의 발음을 알려주거나, 단어의 의미를 확인하려고 뒤로 뒤돌아가거나 앞으로 나아가게 한다. 하지만 말콤은 클로에가 모르는 단어를 억지로 읽게 하지 않았다. 그 덕분에 클로에의 단어 추측하기, 즉 읽기가 더욱 정확해질 수 있었다.

그리고 클로에는 결코 이야기를 향한 흥미를 잃거나, 자신이 책을 읽지 못한다고 생각하지 않았다. 클로에가 이야기를 더 읽어나갈수록 말콤이 도와주어야 할 단어가 줄어들었다. 책을 빨리 읽었기 때문에 클로에는 방금 읽은 내용을 쉽게 기억할 수 있었다. 물론 읽기를 배우는 모든 아이들이 그렇듯이 활자도 사용했다. 클로에는 자부심을 느꼈다.

클로에에게 책을 읽어주는 동안 우리가 지킨 원칙은 어떤 단어든 억지로 읽으라고 강요하지 말자는 것이었다. 클로에는 책의 내용을 파악하기 위해 이야기에 대한 기억과 활자 및 이야기 속 언어에 대한 근본적인 이해를 활용했다. 클로에는 단어들이 정말로 복잡하지 않은 이상 어떤 단어도 억지로 읽은 적이 없다. 클로에가 읽는 방법을 쉽게 깨친 이유는 좀처럼 멈추거나, 뒤로 돌아가거나, 억지로 읽지 않았기 때문이다. 클로에는 읽기를 재미있어 했지 지루해하지 않았다. 이런 태도야말로 부모가 아이에게 바라는 것이 아닐까?

8
책 읽어주는 부모라는 축복

책을 사랑하는 저스틴 이야기

전국에 방영되는 텔레비전 프로그램에 출연하고 몇 해가 지난 어느 날 길거리에서 한 여성이 내 앞에 멈추어 서서 말했다. "당신이 바로 그 소리 내어 책을 읽어주라고 한 사람이군요? 맞죠?"

내가 그런 사람이었나? 도대체 나는 어떤 사람이 된거지? 더 나쁜 표현도 얼마든지 많았으리라.

그날 밤 나는 멜버른에 사는 앨런 바틀릿이 홈페이지에 남긴 메시지를 읽었다. 그 역시 나를 텔레비전에 나온, '바로 그 소리 내어 책을 읽어주라고 한 사람'으로 알고 있었다. 앨런

과 그의 부인 도나는 아들 저스틴에게 규칙적으로 소리 내어 책을 읽어주어 놀라운 결과를 거두었다고 했다. 당시 저스틴은 22개월이었다.

저스틴은 태어난 지 6일이 되던 날부터 책을 접했다. 부모는 그냥 그러는 게 좋겠다고 생각했을 뿐이지만 책 읽어주기는 매일같이 계속되는 육아 일정에 흥미를 더해주었다. 뿐만 아니라, 처음 책을 읽어주기 시작했을 때부터 저스틴은 책, 그리고 이야기 듣는 것을 좋아하는 것 같았다.

며칠이 흐르고 또 몇 주가 지나면서 저스틴의 책을 향한 사랑은 꾸준히 커져갔다. 3개월이 되자 저스틴은 책을 어떻게 읽어야 하는지를 정확히 알았고, 한 장을 다 읽어 잠시 책 읽기를 멈추면 때맞춰 책장을 넘기기까지 했다. 태어난 지 고작 3개월이었는데 말이다!

저스틴에게는 곧 가장 좋아하는 책들이 생겼다. 저스틴이 매료된 책들에는 운율이 들어맞는 쉬운 단어들과 움직이는 그림들이 있었다. 6개월이 되자 저스틴은 책 표지의 제목을 가리키며 자신의 책들을 알아본다는 사실을 증명했다. 차츰 왼쪽에서 오른쪽으로 활자를 따라가는 법도 이해하게 되었다. 한 시간 동안 분량이 짧은 책 스무 권을 읽어주어도 가만히 앉아 있었다.

저스틴은 곧 단어 두세 개를 말하게 되었다. 소리 내어 책을 읽어주면 따라 읽으려 하고, 어떤 문장을 빠뜨리면 빈틈을 채우기도 했다. 저스틴은 실제로 책을 외우고 있었다.

22개월이 되자 저스틴은 말을 하기 시작했다. 도나는 이 모든 게 책에서 얻은 결과라고 말했다. 저스틴은 스무 개 정도의 단어를 보자마자 단숨에 읽기도 했다.

저스틴의 놀라운 능력을 보면서 "우리 아이와 비교해보니 실망스럽다. 좌절밖에 남지 않는다"라며 우울증 비슷한 상태를 호소할지 모르겠다. 하지만 체념하기보다는 자극을 받고, 용기를 얻고, 힘을 내는 쪽을 택하자.

저스틴의 읽기 능력은 우연한 결과다. 무엇보다 저스틴이 읽기를 재미있어 했다. 아이의 부모는 아들을 사랑하고, 함께 놀고, 책을 읽어주면서 수많은 책들과 그 책들을 즐길 시간을 준 것 외에는 어떤 대단한 일도 하지 않았다.

어떤 아이라도 저스틴처럼 될 수 있다. 당신이나 내 아이, 이웃에 사는 어린아이도 마찬가지다. 저스틴은 총명하지 않다. 특별하지도 않다. 평범한 아이일 뿐이다. 하지만 저스틴은 인생에서 기적 같은 축복을 받았다. 소리 내어 책을 읽어주는 부모라는 축복을.

제3부

읽기의 비결 3: 활자, 언어, 지식

9

읽기의 첫 번째 비결: 활자의 마법

활자는 책 밖에도 많다

우리는 대부분 읽기에 대해 잘 안다고 생각한다. 어찌 보면 당연하다. 어쨌든 읽을 줄은 아니까. 하지만 따지고 보면 읽기란 굉장히 까다로운 것이다. 복잡하기도 하다. 읽기란 단지 단어들을 올바르게 발음하는 데서 그치지 않는다. 대부분 이 사실에 놀라겠지만, 읽기는 활자에서 의미를 발견하는 것이다. 활자에서 의미 있는 무언가를 볼 줄 아는 것이다. 뜻을 제대로 이해하는 것이다.

책을 읽을 때면 우리 모두는 스스로 깨닫든 그렇지 않든, 몇 살이고 또 어떤 언어로 이야기하든 상관없이 여러 가지 방법을 사용한다. 이런 방법들 가운데 우리가 책의 내용을 읽기와 관련된 세 가지 비결이 있다.

읽기의 첫 번째 비결은 공공연한 비밀이다. 종이 위에 작게 흘려 쓴 수많은 낙서를 파악하는 능력인데, 예를 들어 다음과 같은 낙서는 아무도 알아보지 못한다.

ㅁ · ㅁ∞ㅌㅿ?ㅁ§ㅇ¿ㅿㅋ♯!ㅁÐ∝∫·∫.

어떤 방법으로 읽어도 나열된 기호의 의미를 전혀 알 수 없다. 즉, 아무런 의미가 없다. 한글만 아는 사람은 구약성서의 러시아 판이나 히브리어로 쓰인 디지털카메라의 설명서를 읽을 수 없다. 그 글자들에서 전혀 갈피를 잡지 못한다. 내용을 파악하기 위해서는 활자로 된 상징과 그 상징의 다양한 조합을 이해하고 있어야 한다. 읽기에 있어 활자는 이토록 중요하다.

아이들은 초등학교에 입학하기 전부터 최대한 많이 활자에 노출되는 경험을 해야 한다. 앞에서도 말했고 앞으로도 말하겠지만, 특히 아기에게 소리 내어 책을 읽어주고 활자를 눈에 새겨주어야 한다. 아기는 책을 바라보고 페이지가 넘어가는 걸 지켜보면서 눈으로 활자를 익히고 귀로는 활자의 의미를 듣는다. 활자화된 단어를 눈으로 많이 익힐수록 아이는 각 단어의 독특한 개성을 잘 이해하게 된다.

활자가 책에만 있는 것은 아니다. 주위를 둘러보면 어디에나 활자가 있어 책 읽기를 배우는 데 놀랍도록 효과적이다. 아이가 표지판, 게시판, 안내문, 포스터, 번호판 등을 보며 활자를 소리 내어 읽을수록 효과는 커진다. 자동차나 버스, 기차를 타고 가는 동안에도 활자는 곳곳에서 발견된다. 이 활자들을 이용해 아이와 함께 놀이를 즐길 수 있다. "앞으로 10분 동안 누가 '정지' 신호를 더 많이 찾나 볼까?" 혹은 "누가 먼저 '가'를 찾을까?"라면서 말이다.

클로에는 만 두 살이 되자 우리 동네의 모든 주유소 표지판 – 쉘(주유소), 모빌(미국 석유 회사), 앰폴(주유소) – 을 읽을 줄 알았다. 클로에는 자주 보는 정지 신호와 '조심스럽게 우측으로 회전하시오' 같은 표지판도 읽을 수 있었다. 클로에는 자동차를 타고 가며 우리 부부가 외쳐대는 표지판의 활자들을 듣고 글자를 익혔다.

버스 뒤편에서 커먼웰스 은행의 광고를 자주 보던 만 두 활자가 책에만 있는 것은 아니다. 주위를 둘러보면 어디에나 활자가 있어 책 읽기를 배우는 데 놀랍도록 효과적이다. 아이들이 표지판, 게시판, 안내문, 포스터, 번호판 등을 보며 활자를 소리 내어 읽을수록 효과는 커진다.

살 된 아이가 하루는 부모에게 저게 뭐냐고 물었다. 광고 문구를 알게 된 다음부터 아이는 버스에서 광고를 볼 때마다 소리 내어 읽었다. 처음에는 아이의 엄마도 아이가 낯익은 은행 로고를 알아보는 거라고만 생각했다. 그러던 어느 날, 아이의 아빠가 정부와 커먼웰스 대표 측 회담이 머리기사로 실린 신문을 보고 있는데 아이가 '커먼웰스'라는 단어를 가리키더니 "커먼웰스다"라고 말했다.

버스 뒤에서 본 글자를 알아보다니 이렇게 똑똑할 수가! 만 두 살짜리 아이가 커먼웰스 같은 복잡한 단어를 읽을 수 있다고? 심각하게 의심하는 사람들도 있을 것이다. 물론 아이는 커먼웰스라는 단어를 정확히 발음하지는 못했다.

10

읽기의 두 번째 비결: 언어의 마법

동요 부르기와 시 읽기의 효과

프랑스 말에 '언어를 읽고 싶다면 먼저 언어를 이해해야 한다'는 것이 있다. 언어를 더 많이 알수록, 한국인의 경우는 한글이 사용되는 방식을 더 많이 알고 한글을 더 많이 이해할수록 한글을 읽기가 더 쉽다는 뜻이다. 단어의 의미를 이해하고, 단어가 서로 연결되어 문장을 형성하는 특유의 방식을 이해하고, 단어와 문장이 책, 문단과 문장, 쇼핑 목록, 생일 카드, 잡지, 광고나 스포츠 기사와 웹사이트에서 변화하는 방식을 이해해야만 비로소 제대로 읽는다고 말할 수 있는 것이다.

아이가 글을 잘 읽으려면 먼저 많이 읽어야 한다. 나아가 어려운 자료까지 읽을 수 있으려면 최대한 다양한 단어와 접촉하는 경험을 많이 가져야 한다.

우리는 친구와 대화하듯이 아이와 끊임없이 대화를 나누면서 아이의 언어적 경험을 넓힐 수 있다. 우는 아기를 다정한 말로 위로하거나, 아이의 기저귀를 갈아주거나 쇼핑을 할 때 주요한 사안에 대해 토론하거나, 축구 경기의 결과를 예측해 보거나, 결혼의 장단점을 논의하거나, 세계화의 불공정한 측면에 대해 마구 떠들면서 아이의 관심사를 활짝 열어줄 수 있다. 쉽게는 노래를 부르기로도 가능하다.

아이는 노래와 운율을 통해 아주 어릴 때부터 안정적인 리듬과 언어의 다채로운 형태를 경험하게 된다. 노래는 엄마의 심장박동이나 사랑스러운 손길 또는 경쾌하게 흔들리는 요람의 리듬이 자연스럽게 확장된 소리와 닮았다. 우리는 아이가 자고 싶어 하거나 보챌 때나 온전히 깨어 있거나 즐거워할 때나 언제든 부드럽고 낮은 목소리로 읽거나 낭송하거나 읊조리거나 불러줄 수 있다.

아이는 노래에서 단어, 문장, 리듬, 운율 및 반복을 배운다. 이 모든 요소는 훗날 읽게 될 책에도 나타난다. '잠자리'와

'돗자리' 두 단어가 서로 운율을 이룬다는 걸 깨닫지 못하는 아이들은 (이런 아이가 의외로 많다) 읽기를 배우는 과정을 어려워한다. 하지만 운을 맞출 줄 아는 아이는 운율에서 많은 영감을 받아 자기가 읽는 특정한 단어를 더 정확하게 맞출 수 있다.

운율을 잘 맞추면 책도 잘 읽을 수 있다. 아주 간단하다. 리터러시 및 아동 발달 전문가들은 아이가 만 네 살이 될 때까지 운율을 이루는 자장가 여덟 개를 외우면 여덟 살 무렵에는 또래 중 가장 잘 읽는다는 사실을 발견했다. 클로에가 어릴 때는 나도 노래와 운율의 중요성을 잘 몰랐지만, 우연찮게도 매일 밤 클로에가 잠들기 전에 자장가나 동요, 성가를 불러주곤 했다. 노래를 잘 부르지 않아도 아이에게 노래를 불러주었을 때 얻는 효과는 매우 크다. 그리고 내 노래를 듣는 사람이 누구인가? 사랑하는 내 아이밖에 없지 않은가!

아이의 머릿속에 노래와 운율을 심어주는 것이 얼마나 중요한지는 아무리 강조해도 지나치지 않다. 그럼에도 요즘 학교에 입학하는 아이의 상당수가 가장 기본적인 운율조차 익히지 못했다는 사실은 놀랍고 실망스럽기까지 하다.

몇 년 전, 어린아이들과 초기 리터러시 교육에 관한 텔레비전 프로그램을 만들 때의 일이다. 사람들의 실수와 기술적인 문제 때문에 한 장면을 두어 차례 되풀이해서 찍곤 했다. 짐작했겠지만 방송에 참여한 아이들은 무척 지루해했다. 만 여섯 살 된 여자아이와 나는 이 상황들이 정말 지겹다며 서로를 위로했다. 그러다 내가 동요 놀이를 하며 시간을 때우자고 제안하자 여자아이가 신이 나서 대답했다.

"좋아요."

내가 먼저 〈곰 세 마리〉를 불렀는데 아이가 그 노래를 몰라서 함께 놀 수가 없었다. 노래를 몰라도 아이는 즐거운 것 같았다. 다시 〈우리 집에 왜 왔니?〉를 불렀다. 아이는 그 노래도 몰랐다. 나는 다시 〈솜사탕〉, 〈아빠 힘 내세요〉, 〈내 동생〉 등을 불렀지만 여자아이는 정말로 이 노래들을 전부 몰랐다.

"자, 이제 네 차례야. 네가 노래를 해보렴. 나는 이제 피곤하구나."

하지만 아이는 노래를 부르지 않았다. 만 여섯 살인데도 아는 동요가 하나도 없었기 때문이다. 아이의 장래가 너무 걱정된 나머지 나는 늘 침착하자는 원칙을 어길 뻔했다. 간신히 정신을 가다듬고 침착하려 애쓰며 아이에게 〈곰 세 마리〉를 가르쳐주기 시작했다. 아이는 계속 깔깔거렸다. 배우는 데 시간이 좀 걸렸다. 운율을 맞추는 습관이 전혀 안 돼 있었기 때문이다. 노래 부르기 자체를 낯설어했다. 물론 시를 즐겁게 읽은 경험도 전혀 없었다.

논리적 순서에 따르면 노래와 동요를 익힌 다음에 시를 배우게 된다. 아이가 시를 좋아하지 않는다고 생각하는 사람들이 많다. 하지만 그것은 사실이 아니다. 시의 평판이 나빠진 이유는 시에 대한 우리의 경험이 이해도 안 되는 시들만 따로 떼어내어 배워야 했던 학창 시절의 끔찍한 기억으로 얼룩져 있는 탓이다. 아이는 시의 생동감과 시만의 독특한 매력을 진심으로 좋아할 수 있다.

그리고 시는 읽기를 어려워하는 아이에게 읽고 쓰는 방법도 알려준다. 나는 6학년 아이가 더글러스 플로리언^{Douglas Florian}의 시집 《빙 뱅 보잉^{Bing Bang Boing}》을 읽은 뒤 마침내 읽기의 암호를 풀었다는 이야기를 들은 적이 있다. 시에 나타나는 경쾌한 리듬과 반복이 남자아이의 머릿속에 꺼져 있던 스위치를 눌러 갑자기 아이가 활자를 이해하게 되었다는 것이다.

닥터 수스도 시에 열광하고 시를 중시하는 영향을 받아 리듬과 운율, 반복을 강조하는 작가다. 클로에와 나도 그의 그림책을 좋아했다. 특히 수도 없이 읽었던 《초록 달걀과 햄Green eggs and Ham》은 25년이나 흐른 지금도 여전히 외우고 있다.

무엇을 예측하든 그 이상을 보여주는 아이들

아이의 머릿속에 수많은 리듬의 보석을 묻어두는 것은 아이를 읽기라는 거대한 임무로 인도할 어마어마한 정보의 보고이자 믿을 만한 은행 계좌에 단어, 구절, 문장 구조와 문법을 가득 쌓아두는 것과 같다. 아이가 말을 할 때 머릿속 단어들이 자연스럽게 스며들어 어느 날 갑자기 아이는 자신의 생각을 분명하게 표현할 수 있게 된다.

아이가 읽고 듣는 일들을 결코 과소평가해서는 안 된다. 최근 한 선생님은 한 학기 동안 여섯 학급의 학생들에게 《레미제라블Les Miserables》의 무삭제 판을 읽어주었다. 그 책이 만열한 살 된 학생들에게 적당하지 않다고 생각하는가. 그렇지 않다. 학생들은 이 작품에 열광했다. 학생들 모두 이 작품에서 일어나는 사건과 감정, 행동, 러브 스토리를 좋아했다. 결석한 학생들은 놓친 내용을 알아내느라 야단법석을 떨었다.

내 주치의의 만 여섯 살 된 손자는 권당 500장이 넘는 《해리 포터》 전 권을 혼자서 욕심껏 읽어치웠다. 전 세계 수백만 명의 다른 아이들도 마찬가지였다. 이런 일이 가능하리라고 누가 상상이나 했겠는가?

테네시에 사는 엘렌은 T.S. 엘리엇 T.S. Eliot의 《주머니쥐 할아버지가 들려주는 지혜로운 고양이 이야기 Old Possum's Book of Practical Cats》에서 따온, 뮤지컬 〈캣츠〉의 시를 모두 아들에게 읽어주었다. 당시 아이는 만 세 살이었다. 그리고 아이가 만 네 살 반이 되었을 즈음에는 이 시들을 전부 외웠다고 한다. 아들이 원할 때마다 엘렌이 이 시들을 읽어주었기 때문이다.

나는 엘렌의 사례를 접하고 깜짝 놀랐다는 사실을 인정해야겠다. 엘리엇의 시에 나오는 어휘는 무척 세련되고 언어 역시 매우 정교하다. 그래서 나는 만 서너 살 되는 어린아이에게는 엘리엇의 시가 지나치게 어렵다고 생각했다. 나 역시 여느 어른들처럼 아이들의 가능성과 잠재력의 반짝이는 가치를 있는 그대로 받아들이기보다 의문을 갖는 데 급급했던 것이다.

우리는 아이들의 연령대에 맞는 대처가 필요한 상황에서 종종 실수를 하곤 한다. 내 편집자의 남편인 데이브가 이제 막 만 네 살이 된 아들 이먼에게 조지프 러디어드 키플링Joseph Rudyard Kipling의 《키플링이 들려주는 열 가지 신비로운 이야기 Just So Stories》 중 한 편을 읽어주자 이먼이 말했다. "아빠, 그런 거 읽어주지 마. 너무 아저씨 같잖아."

아이는 지루함을 느끼면 재빠르게 반응한다. 우리가 책을 잘못 골랐다는 생각이 들면 가차없이 우리의 실수를 지적한다. 아이들은 저마다 각기 다르고, 그들의 취향은 종종 우리를 놀라게 한다. 《키플링이 들려주는 열 가지 신비로운 이야기》에 나오는 19세기의 고풍스러운 언어를 좋아하는 아이가 있을 수도 있다. 하지만 문학적이고 감성적인 분위기가 조성되지 않고 아이 역시 우리가 읽어주는 책에 별로 몰입하지 않는다면 그때는 어른스럽고 냉정하게 결단을 내려 책을 멀리 치워버려야 한다. 책을 읽을 때 15분마다 열정이 솟구쳐 오르지 않는다면 아이는 읽기가 지루한 것이라고 생각해버릴 수 있다.

앞서 말했듯이, 특히 어린아이에게는 내용이 생생한 책을 반복하여 읽어주는 것이 중요하다. 그래야 아이가 책 속의 언

아이는 지루함을 느끼면 재빠르게 반응한다. 우리가 책을 잘못 골랐다는 생각이 들면 가차없이 우리의 실수를 지적한다. 아이들은 저마다 각기 다르고, 그들의 취향은 종종 우리를 놀라게 한다.

어를 낯설어하지 않고 그 언어에 익숙해지기 때문이다. 책의 언어는 다르게 들리고 또 다르게 보인다. 실제로 일상의 언어와 다른 점도 있다.

예를 들어 레온 가필드Leon Garfield의 신나는 어린이용 추리 소설 그림책인 《결혼식의 유령The Wedding Ghost》의 다음 내용 중에서 아이들은 특히 이탤릭체로 된 문학적인 문구와 단어들을 어려워한다.

> 잠금 장치에서 사슬이 튀어 올랐다.
> 별들이 *비행하듯* 희미한 천창으로 번개가 쏟아져 내렸다.
> *벽 전체가 흔들리기 시작했다*…….
> 여기저기서 군중이 고함을 치고 비명을 지르며 밀려들었다. 하지만 사람들의 목소리는 오르간의 *끊임없는 포효* 사이로 잦아들었다.

소리 내어 읽어주는 문학적인 언어를 자주 들은 아이라면 위 구절을 이해하는 데 어려움이 거의 없거나, 전혀 힘들어하지 않을 것이다.

글을 처음 읽기 시작하는 아이들은 문학적인 언어에는 보통 의미가 있다는 사실을 이해해야 한다. 다음 문장을 읽어보자.

잭과 질이 언덕으로 올라갔다.
앉아 있는 물통을 가지러……

잠자리에 누웠다가 '앉아 있는 물통을 가지러'라는 문구를 접하면 깜짝 놀라 벌떡 일어나게 될 것이다. 일반적으로 짐작할 수 있는 문장이 아니어서 혼란스러울 것이다. '앉아 있는 물통을 가지러'라는 문장은 그 자체로는 의미가 성립하지 않지만 우리는 언어가 의미를 이룬다고 지레짐작하고, 이 운율을 자주 들어왔기 때문에 그저 물이 있다고 생각할 뿐이다. (어쨌든 물통 속에는 대부분 물이 있다.)

우리가 언어의 의미를 예측하는 이유는 의미야말로 언어가 사용되는 방식이기 때문이다. 그리고 언어가 사용되는 방식을 안다는 것은 성공적으로 책을 읽을 수 있다는 뜻이기도 하다.

책 읽어주는 소리를 듣는 경험이 없이 자란 아이는 활자가 의미를 이룰 것이라고 예상하지 못한다. 의미를 예상하지 못하면 책 읽기를 배우는 데 고전을 면치 못할 것이다. 아이는 혼자서 책을 읽으려고 노력할 때 의미를 알지 못한 채 읽기도 한다. 활자에서 의미를 체험해본 적이 없기 때문이다. 운율의 의미, 이야기의 의미, 노래의 의미, 낯선 단어들의 소리, 인쇄된 문장 속의 익숙하지 않은 정규 문법, 문장이 작동하는 방식 같은.

읽는다는 것은 '이해'한다는 것

책 읽어주는 소리를 규칙적으로 듣고 자란 아이는 활자가 의미를 이룬다는 것을 이해하고 운율, 리듬과 반복에 대해서도 알며 이야기가 진행되는 방식도 예측할 수 있어 실제로 이야기를 쉽게 읽어낸다. 앞으로 나올 단어, 패턴 및 플롯도 예측할 수도 있는데, 아이의 짐작은 대부분 맞다.

그런데 여전히 세상에서 가장 잘못 쓰인 책들 중 일부가 학교에서 읽기용 교재로 지정되어 학생들에게 제공되고 있다. 이런 책에 수록된 무의미한 이야기로는 그 누구에게도 의미

있는 결과를 야기할 수 없다. 지루한 이야기는 읽기를 배우는 과정을 시시하고 따분하게 만들어버린다. 문법의 남용은 아이들의 추측을 혼란스럽게 하고, 시간을 축낸다.

"지프가 달리는 걸 봐. 달려, 지프, 달려. 지프는 나무로 달려간다. 존을 봐. 달려, 존, 달려. 나무를 봐." 도대체 이런 문장에 무슨 의미가 있단 말인가? 우리는 이렇게 말하지 않는다. 아무도 이렇게 말하지 않는다고!

무엇보다 읽기용 교재가 위험한 이유는 읽기가 지루하다는 신호를 전달하여 아이가 읽기를 중단해버리기 때문이다. 읽기를 멈춘다는 것은 아이가 더 이상 읽기를 배우려 하지 않는다는 뜻이다. 우리는 한참이 지나서야 아이의 읽고 쓰는 능력에 왜 문제가 생겼는지 궁금해한다.

단어가 사용되는 방식과 활자를 이해하면 단어를 정확하게 소리 내어 읽는 것도 가능한데, 여전히 '읽는다'고 할 수 없는 경우도 있을까? 물론이다.

나는 자신이 이해하기 힘든 책을 읽고 있는 아이를 본 적이 있다. 아이는 활자로 된 단어를 해독하고 말할 줄 알았다. 하지만 쉼표와 마침표를 무시했고, 모든 단어를 똑같은 억양으로 읽었다. 단어를 정확하게 발음하기는 했지만 읽는다고 볼 수는 없었다. 하지만 아이의 엄마는 아이가 실제로 읽는다고 생각하고 감명을 받았다.

"이야기의 내용이 뭔지 가르쳐주겠니? 무슨 내용인지 잘 이해가 안 돼서 말이야. 지금 무슨 일이 일어난 거야?" 나는 짐짓 모르겠다는 시늉을 하며 끼어들었다.

아이는 이야기의 내용을 말하지 못했다. 이야기를 이해하지 못했기 때문이다. 아이는 단지 전문가들이 '짖는다'라고 말하는 것과 같은 방식으로 활자를 읽었던 것이다. 단어 하나하나는 정확하게 읽지만 표현이나 의미를 이해하지는 못했다. 활자를 정확히 읽더라도 책을 읽는다고는 말할 수 없는 대표적인 경우다.

11

읽기의 세 번째 비결: 지식의 마법

많이 경험할수록 책 읽기가 쉬워진다

읽기의 세 번째 비결은 지식, 즉 태어나면서부터 지금 이 순간까지 머릿속에 쌓아온 모든 것들이다. 삶과 우주, 그리고 세상의 모든 것을 잘 이해할수록 책 읽기가 쉬워진다.

예를 들어 골프에 심취해 보기와 버디, 파와 풋이 무슨 뜻인지 잘 아는 택시 기사는 골프에 관한 상세한 보도자료를 읽고 이해할 수 있다. 골프를 전혀 모르는 심장병 전문의는 골프 관련 자료가 혼란스럽고 이해하기 어렵다고 생각할 것이다. 하지만 심장 질환에 대해 꿰뚫고 있는 심장병 전문의는 다른 전문의가 쓴 심장 질환에 대한 글은 쉽게 파악한다. 택시 기사는 심장 질환 관련 자료를 전혀 이해하지 못할 가능성이 높다.

책을 잘 읽기 위해서도 마찬가지다. 많이 읽거나 어려운 자료를 다양하게 읽어 세상과 폭넓게 접촉하는 경험을 하면 책 읽기에 엄청난 도움이 된다. 이것은 읽기의 다른 두 가지 비결, 즉 활자와 언어를 이해할 수 있도록 최대한 많이 경험하는 것과 같은 원리다.

우리가 책을 읽어주는 동안 아이는 상당히 많은 정보를 얻는다. 아이에게 자주 소리 내어 책을 읽어주고, 아이가 혼자서도 책을 많이 읽으면 아이는 책에서 접하는 것을 통해 세상에 대해 다양한 경험을 얻을 수 있다. 그리고 세상에 대한 경험이 많을수록 책 읽기가 쉬워진다.

책 읽어주는 소리를 듣는 동안 아이는 많은 지식을 얻게 된다. 아직 혼자서 읽을 수 없는 이야기를 들을 때는 더욱 그렇다. 예를 들어 그림책의 고전인 유진 자이언^{Eugene Zion}의 《개구쟁이 해리: 목욕은 정말 싫어요^{Harry the Dirty Dog}》에는 다음과 같은 문장이 나온다.

"해리가 숯 미끄럼틀을 타고 내려오는 바람에 세상에서 가장 더러운 강아지가 되었어요."

이 문장은 1956년 책이 처음 출간되었을 때의 아이들보다 요즘 아이들에게 더 어렵게 느껴질 것이다. 1956년의 아이들은 '숯 미끄럼틀'이 뭔지 잘 알기 때문에 위 문장을 비교적 쉽게 읽을 수 있지만 요즘 아이들은 이 문장을 해독하는 데 큰 어려움을 겪는다. 숯 미끄럼틀은 더 이상 그들이 속한 세상의 일부가 아니기 때문이다.

하지만 아이에게 《개구쟁이 해리: 목욕은 정말 싫어요》를 반복해서 읽어주고, 그림을 보며 함께 이야기하고, 숯 미끄럼틀 바닥으로 미끄러져 내려가는 강아지를 보며 웃음을 터트리면서 강아지가 집으로 돌아왔을 때 즐거워하는 모습을 차곡차곡 모은다면 숯 미끄럼틀의 의미가 어느덧 아이가 아는 세상의 일부가 되어 있을 것이다. 훗날 아이가 혼자서 책을 읽더라도 숯 미끄럼틀을 이해하는 데 무리가 없을 것이다.

읽을 때 왜 지식이 필요할까

물론 아이가 책으로만 세상에 대해 배우는 것은 아니다. 아이는 세상의 일부가 되어 세상을 배운다. 옆 동네 가게나 공원,

아이가 책으로만 세상에 대해 배우는 것은 아니다. 아이는 세상의 일부가 되어 세상을 배운다. 세상에 대한 경험이 많을수록 책 읽기가 쉬워진다.

혹은 동물원도 좋으니 아이를 데리고 최대한 많이 다니는 게 좋다. 낯선 지역이나 국가면 더욱 좋다. 아이는 어른들의 흥미로운 이야기에 귀를 기울이거나 매혹적인 텔레비전 프로그램을 보거나 컴퓨터 그래픽에서부터 팬케이크 만드는 법, 우유 짜기나 축구 경기에 이르기까지, 아이는 다양한 경로로 정보를 얻는다. 어떤 경험이든 확장할 수만 있다면, 아이가 세상을 이해하는 데 도움이 될 것이다.

활자에 대한 경험이 풍부한 어른조차 전문적인 글을 쉽게 읽어내기 위해서는 세상에 대한 일정 수준 이상의 지식이 필요할 때가 있다. 실제로 대부분의 텍스트를 능숙하고 정확하게 '읽을' 수 있더라도 그 내용이 우리의 이해 범위를 넘어선다면 실제로 글을 읽는다고 말할 수 있을까? 한 예로 다음 문단을 읽어보자. 짐작건대 포스트모더니즘에 정통한 사람만이 온전히 '읽을' 수 있을 것이다.

> 일관된 개념으로서의 지속적인 예술의 존재는……
> 미학이 제기한 어려운 문제들에서 생기는
> 기호학적인 담론을 보호하는 데 이바지한다…….
> 이와 같은 미학에 대처하는 기호학적

불가능성은…… 가치를 결정하는 예술의
하위 항목을 보존하는 데 의존하기 때문이다…….

위 구절을 소리 내어 읽으며 읽기 능력을 평가한다고 가정해보자. 정확하게 발음한다면 (실제로 우리는 정확하게 발음할 수 있다), 단어가 사용되는 방식을 익히 알고 있으므로 정확한 위치에서 멈춘다면 (물론 우리는 정확한 위치에서 멈출 것이다), 우리가 읽는 소리를 듣는 사람은 누구나 우리가 위 구절을 이해했다고 생각할지 모른다. 하지만 활자와 언어에 대해 아는 바를 활용할 줄 안다고 해도 우리 중 대부분은 위 구절을 이해하지 못한다. 위 구절이 속한 '세계'를 모르기 때문이다. 단어를 말하는 동안 실제로 이해하는 내용을 말한 것이 아니라면 '읽는다'고 할 수 없다.

그러므로 아이가 소리 내어 책을 읽는 것만으로 아이의 독서 능력을 평가하려는 시도는 그야말로 터무니없는 일이다. 소리 내어 읽는 데 성공하더라도 글의 내용을 전혀 이해하지 못한다면 그것은 읽기라고 할 수 없다! 이야기 속에서 벌어지는 일을 이해하고, 이야기 속 '세계'를 받아들여 실제로 책을 읽는지 알기 위해서는 아이가 읽은 내용에 대해 대화를 나눠

봐야 한다.

　이제 읽기가 활자와 언어와 세상이 흘러가는 방식(지식)을 이해하는 것으로 이루어진다는 사실을 알게 되었다. 읽기의 세 가지 비결을 조합하고 나면 비로소 흥미진진한 책 읽기가 시작된다.

12

활자+언어+지식=?

떼려야 뗄 수 없는 읽기의 비결 3가지

활자와 언어, 그리고 지식이 하나의 팀처럼 작동하면 비로소 우리는 읽기를 시작할 수 있다. 이 세 가지 읽기의 비결은 마치 떨어질 수 없는 친구처럼 서로 발을 맞춘다. 한 가지에 대한 이해가 다른 두 가지에 대한 이해를 돕는다. 각각 떨어져 있을 때는 제 역할을 수행하지 못한다. 읽기란 커다란 추측 게임과도 같아서 읽기의 비결 중 어느 하나가 제대로 작동하지 못하면 다른 두 가지가 힘을 발휘해 읽기를 성공적으로 마칠 수 있도록 돕는다.

아이가 읽기를 배우지 못하거나 싫어하는 이유는 주로 읽기의 다른 두 가지 비결을 배제한 채 한 가지에만 지나치게 집중하기 때문일 가능성이 높다. 대개 많은 부모와 선생님들이 지나치게 활자만 강조하고 다른 두 가지 비결의 중요성에 대해서는 소홀한 편이다.

아이의 읽기 과정에 문제가 생겼을 때는 아이가 세상과 책 속 언어에서 배운 것을 활용하여 단어의 의미를 추측하도록 도와주면 된다. 문제가 생긴 시점부터 아예 아이 대신 우리가 소리 내어 책을 읽어주면서 7장에서 소개한 책 읽기 놀이를 같이하며 책의 진정한 즐거움을 많이 누리게 하는 것도 현명한 방법이다.

책을 읽으면서 우리는 다음 세상, 그다음 세상, 또 그다음 세상이 어떻게 진행될지 예측하는 데 도움이 되는 정보를 빨리 받아들인다. 책에서 보는 활자와 우리가 이해하는 언어, 우리가 아는 세계에 대한 정보를 활용하여 앞으로 무슨 일이 생길지 예측한다. 책을 읽으면 앞으로 다가올 일을 놀라운 속도로 예측하고 확신할 수 있다.

누군가가 손으로 부주의하게 쓴 우편엽서를 받았는데 이렇게 써 있다고 가정해보자. "맛을 타면서 즐거운 시간 보내세요!"

문제의 활자를 있는 그대로 해독하기는 어렵다. 하지만 일반적인 지식을 발휘해 '말을 타면서'를 '맛을 타면서'로 잘못 쓴 것이라는 사실을 짐작할 수 있다. 우리는 손쉽게 적절한 단어, 즉 '말'을 떠올려 엽서의 내용을 제대로 파악해낸다. 보통은 사람들이 '맛'을 타지는 않는다는 사실을 알기 때문이다.

글을 뛰어나게 잘 읽는 사람이라고 해도 책을 읽을 때 모든 단어를 전부 이해하는 것은 아니다. 예를 들어 다음 문장을 보자.

"도스토예프스키Fyodor Dostoyevsky의 소설 《카라마조프 가의 형제들The Brothers Karamazov》의 도입부는 읽기가 어렵다. 혼란스럽기 짝이 없는 러시아 이름들 때문이다."

여기서 '혼란스럽기 짝이 없는'이라는 표현을 제대로 이해하지 못하더라도 우리는 언어가 진행되는 방식을 알기 때문에 문장 속 위치로 볼 때 그 단어가 '혼란스러운'이나 '신경에 거슬리는' 정도의 뜻임을 추측할 수 있다.

많이 읽을수록 '추측'이 가능하다

책을 많이 읽을수록 앞으로 어떤 내용이 전개될지 더 정확하게 추측할 수 있다. 예전에 같은 단어와 문장, 이야기를 수없이 읽었다면 한 페이지에 있는 단어 주변에 튼튼한 골격이 생겨 단어의 의미를 쉽게 추측해내게 된다. 아이 역시 어떤 책을 읽든 어른들과 마찬가지로 추측할 수 있다. 하지만 어려운 단어를 읽는 것은 아이에게(가끔은 우리에게도) 무척 어려운 일이라는 사실을 명심해야 한다.

사실 우리는 평소에 책을 읽을 때 모든 단어를 하나하나 다 보지 않는다. 그럴 필요도 없다. 중요하지 않은 단어도 많기 때문이다. 우리는 앞으로 나올 단어를 상당 부분 미리 짐작하면서 중요하지 않은 단어는 건너뛰면서 읽는다. 중요하지 않은 단어를 생략하더라도 빠르게 읽어나간다면 글에 담긴 의미를 무리 없이 짐작할 수 있다. 예컨대 이 책을 읽는 독자들은 다음 구절을 매우 빨리 읽을 수 있을 것이다.

우리가 더 많이…… 어떤 책이라도…… 책을
읽기…… 더욱 쉬워진다…… 글의 나머지

책을 더 많이 읽을수록 앞으로 어떤 내용이 전개될지 더 정확하게 추측할 수 있다. 예전에 같은 단어와 문장, 이야기를 수없이 읽었다면 한 페이지에 있는 단어 주변에 튼튼한 골격이 생겨 단어의 의미를 쉽게 추측해내게 된다.

부분…… 추측하기 때문에…… 단어는 더욱 더……
정확해진다…… 우리는 책을 읽을…… 모든 단어를
하나하나 다 보지 않는다. 그럴 필요도…… 단어
중 상당수가…… 중요하지 않기 때문이다. 우리는
앞으로…… 단어를 상당…… 미리 짐작하면서
중요하지 않은 단어는 건너뛰면서 읽는다.

빠르게 짐작하면서 책을 읽는 동안 우리는 방금 전에 읽은 내용을 떠올린다. 기존의 정보를 즉각적으로 수집하여 앞으로 나올 내용을 재빨리 예측한다. 그래서 어려운 기사나 책의 경우 도입부를 정확하게 파악하고 확실하게 이해하기 전까지는 좀처럼 진도가 나가지 않는 것처럼 느껴지기도 한다. 하지만 일단 제대로 이해하기만 하면 순조롭게 읽어나갈 수 있다. 추측에 근거하여 충분한 정보를 확보한 덕분에 정확하게 이해하면서 읽을 수 있게 된다.

예를 들어 우리 중 대다수는 찰스 디킨스Charles Dickens 소설의 도입부를 이해하는 데 어려움을 느낀다. 초반 몇 페이지에 걸쳐 복합적인 플롯이 이어지고, 복잡하게 뒤얽힌 인물이 한꺼번에 등장하기 때문이다. 중요하지 않은 단어도 거의 없는 터라 읽는 동안 단어 하나하나를 거의 전부 소리 내어 읽다시피 해야 한다. 한 단어도 건너뛸 수 없다. 제일 처음으로 몇 번이고 되돌아가야 한다. 도입부를 바탕으로 내용을 이해하고 난 후에야 훨씬 더 빠르게 예측하면서 본격적인 책 읽기를 진행하게 된다. 이름과 관계가 서로 맞아떨어지면서 갑자기 능수능란하게 건너뛰며 읽게 되고, 앞으로 나올 내용이 궁금해져 거침없이 읽어나가게 된다.

건너뛰며 읽기

책을 읽기 시작하면 자신감을 얻기 위해서라도 처음부터 건너뛰며 읽을 줄 알아야 한다. 모순처럼 들릴지 모르겠다. 읽을 줄도 모르는데 어떻게 건너뛰며 읽는단 말인가? 운율과 노래에는 '읽기' 쉬운 단어가 많이 들어 있다. 예측 가능한 운율과 리듬으로 이루어져 있어 아이는 문장의 마지막에 어떤 단어가 나올지 미리 짐작할 수 있다. '읽으면서 볼' 필요가 없다. '읽으면서 추측'할 수 있기 때문이다.

아이는 책을 읽기에 앞서 먼저 스스로를 읽는 사람으로

생각해야 한다. 태도가 먼저고 기술은 그 다음이다. 리듬과 운율, 반복이 있는 이야기는 아이가 책을 접하면서부터 일찌감치 성공적으로 건너뛰며 읽을 수 있게 도와준다. 이로써 아이는 자신감을 얻는다.

내 책《잘 자라, 우리 아가》에도 짐작 가능한 단어들이 많다. 처음 두세 페이지를 듣고 나면 아이는 단어의 유형을 따라 잡아 책을 보지 않고도 '읽을' 수 있다.

> 자러 갈 시간이야. 아기 생쥐야, 아기 생쥐야.
> 어둠이 온 사방에 깔리고……
> 자러 갈 시간이야. 아기 거위야, 아기 거위야.
> 별들이 나와 흘러가고……
> 자러 갈 시간이야. 아기 고양이야, 고양이야.
> 바싹 끌어안고, 그렇지, 마치……

아이는 1부에 등장한 벤처럼 모든 페이지가 "자러 갈 시간이야"로 시작한다는 점을 재빨리 알아차린다. 모든 동물의 이름이 "아기 생쥐야, 아기 생쥐야"처럼 두 번씩 언급된다는 점도 알아차린다. 문장이 한 줄씩 걸러 서로 운율을 이룬다는 것도 알게 된다.

결국 이런 유형의 자장가 운율에 익숙해진 아이는 수많은 단어를 이해하여 내용을 짐작하는 데 탁월한 능력을 발휘하며, 보지 않고도 '읽을' 수 있게 된다. 보지 않고도 읽는 능력은 읽기 발달에 매우 중요한 첫 번째 단계다. 이 능력을 갖추고 나면 마침내 열정적으로 활자 자체와 씨름하면서 활자를 비롯한 읽기의 세 가지 비결을 사용하여 진정으로 책을 읽는 법을 터득하게 된다.

《잘 자라, 우리 아가》 같은 책을 보면서 아이에게 단어를 정확하게 읽기 위해 활자를 볼 필요가 없다는 생각을 할지 모르겠다. 하지만 아이는 눈으로 활자를 확인한다. 물론 활자를 보지 않고도 단어에 대한 합리적인 이해와 세상에 대한 지식을 바탕으로 내용을 추측할 수 있다. 하지만 활자를 보고 이해하면 정확하게 추측하는 것이 훨씬 쉬워진다. 활자를 보지 않고서는 정확하게 읽을 수 없다.

빨리 읽기

또한 빨리 읽을수록 쉽게 읽을 수 있다. 여태껏 읽은 내용을 기억 속에 저장한 다음 그 정보를 바탕으로 앞으로 나올 내용을 추측할 수 있기 때문이다. 천천히 읽으면 기억은 재빨리 사라진다. 단어 하나하나를 간신히 읽어 마침내 한 단어를 이해했을 때는 이미 읽은 내용을 잊어버린 뒤다. 다시 말해, 읽은 내용을 활용하여 앞으로 읽을 내용을 이해하는 데 도움을 받지 못한다는 뜻이다. 혼란스러운 악몽만 남을 뿐이다.

그렇기 때문에 말 없이 눈으로 읽는 것보다 소리 내어 읽는 것이 더 어렵다. 특히 처음 보는 전문적인 내용의 자료를 읽을 때는 어려움이 더욱 커진다. 내용을 천천히 읽다 보면 기억에 과부하가 걸리고 의미는 차단된다. 우리는 종종 쩔쩔매며 간신히 읽어나가는 아이에게 자꾸만 소리 내어 책을 읽으라고 강요한다. 이것이야말로 어리석은 행동이자, 읽기 과정을 전혀 이해하지 못했다는 반증이다. 아이가 글을 읽느라 힘들어할 때 우리가 반드시 해야 하는 일은 책을 읽어준 다음 아이가 이해하고 즐긴 내용에 대해 함께 대화하는 것이다.

어린아이는 '비쩍 마른 강아지가 으르렁거리며 이를 드러낸다'와 같이 낯선 글을 힘겹게 소리 내어 읽을 때 각각의 단어를 추측하는 데 오랜 시간이 걸리고, 그사이 앞에서 읽은 내용을 잊고 만다. 아이의 두뇌는 두려움과 혼란, 지루함 속에서 정지한다. 동시에 활자와 언어에 대해 알고 있던 정보들도 창밖으로 달아나버린다.

이쯤 되면 활자를 소리로 바꾸는 것만이 아이가 의미를 이해하는 유일한 방법이 되는데, 안타깝게도 이 방법은 비효율적이다. 단어들이 전체 문장 속에서 작동하는 독특한 방식을 이해하지 못하면 활자는 내용을 이해하는 데 거의 도움이 되지 않기 때문이다.

이상하게 들리겠지만, 글을 잘 읽는 사람은 거의 소리 내어 단어를 발음하지 않는다. 글을 잘 읽으면 단어도 '잘 발음한다'고 생각할지 모르겠다. 대신 글을 잘 읽는 사람은 일반적인 지식과 언어에 대해 아는 정보를 활용하여 의미를 올바르게 파악한다. 글을 잘 읽는 사람은 읽기의 세 가지 비결을 동시에 그리고 빨리 효율적으로 사용한다.

한 번에 한 단어씩 읽으려고 애쓰는 아이는 마치 두루마리 휴지심이나 심지어 지푸라기를 붙잡고 읽기라는 산을 오르는 것과 같은 상태임을 유념해야 한다. 아이는 한 번에 한두 개의 단어만 볼 뿐이다. 그래서 의미를 파악하기 위해 무척 느리게 읽어야 하는데, 그러느라 내용을 제대로 이해하기가 어려워진다. 우리 역시 직접 지푸라기를 잡고 읽기라는 산을 오르려 한다면 펼쳐놓은 페이지에서 거의 아무런 의미도 파악하지 못할 것이다. 우리도 어렵다면 이제 막 읽기를 시작하는 아이에게는 그 일이 얼마나 어렵겠는가.

읽는 속도를 늦추지 마라

아이가 소리 내어 읽느라 쩔쩔매면서도 좀처럼 진도를 내지 못한다면 읽는 것을 멈추게 하고 능숙하게 이야기의 처음으로 돌아가자. 그리고 직접 몇 페이지를 소리 내어 읽어주자. 그렇게 하면 아이는 이야기의 전체 플롯을 파악하기에 충분한 정보를 파악할 수 있다.

주디스 바이올스트Judith Viorst의 《난 지구 반대편 나라로 가버릴 테야!Alexander and the Terrible Horrible No Good Very Bad Day》와 같은 작품을 읽을 때는 적어도 주요 등장인물의 이름을 분명히 알려주어야 한다. 이야기를 여러 차례 듣고 나야 아이가 '알렉산더'라는 이름을 어렵지 않게 읽게 될 것이다. 그런 다음 "좋아. 이제는 서로 번갈아가면서 해보자. 내가 시작할 테니까 네가 다음 부분을 읽어. 그런 다음 내가 다시 이어서 읽을게"라고 말하면 된다.

놀랍고 또 너무 쉬운 방법으로 보이겠지만, 아이가 읽지 못하는 수많은 단어들은 우리가 대신 읽어주어야 한다. 클로에가 《라신 아저씨와 괴물》을 읽고 녹음할 때 말콤이 그랬듯이 말이다. 아이가 빠른 속도로 우리를 따라 읽을 때에도 기억에 과부하가 걸려서는 안 된다. 그래야 아이가 지금까지 배운 모든 정보를 활용할 수 있다. 동시에 아이가 따라 읽는 동안 정확한 의미를 파악하도록 활자, 언어, 지식을 적용하는 것을 도와주어야 한다. 이 외에도 아이의 읽는 속도를 늦추는 행동은 전부 해롭다.

거듭 말하지만 아이가 쉽게 읽기 위해서는 활자와 언어, 지식이라는 읽기의 세 가지 비결을 동시에 사용해야 한다. 하지만 아이는 긴장한 나머지 두 번째와 세 번째 비결을 떠올리지 못하고, 결국 읽는 방법을 제대로 익히지 못하고 만다. 이

말은 곧 다른 분야의 글을 제대로 읽지 못한다는 뜻이다. 그리고 한순간에 '읽기 장애'가 있는 것으로 간주되고 만다.

이런 사태를 막기 위해서는 읽기를 시작하는 아이가 이야기를 빠른 속도로 읽어나가 읽은 내용을 기억할 수 있어야 한다. 그런 다음에야 아이는 긴장을 풀고 활자에서 더 많은 의미를 파악하여 비로소 이야기를 즐기게 된다. 단어를 발음하는 고통스럽고도 유일한 방법에는 덜 의존하게 되고, 지식을 기반으로 더욱 빨리 추측하게 된다. 마침내 책을 읽을 수 있게 되는 것이다! 바로 이것이다! 이때 아이는 평생 처음으로 읽기라는 행위에 실제로 피부에 와 닿는 놀라운 보상이 있다는 사실을 깨달을지도 모른다.

마침내 읽기가 무엇인지 알게 되었다! 읽기에 관한 정보가 없었다면 우리는 여전히 읽기라는 것이 잭과 질이 앉아 있는 물통을 가지러 언덕을 올라가는 것처럼 기이하고 어리석다는 낡아빠진 믿음을 고수했을지 모른다.[†]

[†] 10장에 "잠자리에 누웠다가 '앉아 있는 물통을 가지러'라는 문구를 접한 사람은 깜짝 놀라 벌떡 일어나게 될 것이다"라는 문장이 나온다. 저자는 이 문장을 다시 언급하면서 이번에는 10장에서 사용한 '혼란스럽다'는 표현 대신 '기이하고 어리석다'는 표현을 사용했다. 문장에는 의미가 있어야 한다는 사실을 거듭 강조하기 위해 사용한 예시다.

이제 우리는 읽기 발달 과정에서 책을 읽으려고 쩔쩔매는 아이에게 책을 읽어달라고 하기보다 경이로운 작품을 읽어주는 편이 훨씬 이롭다는 사실을 알게 되었다. 같은 이야기를 수없이 되풀이하여 읽어주면 아이는 빠르게 읽는 방법을 배운다. 좋은 책이나 이야기에 익숙해질수록 아이는 훗날 스스로 현명한 자아를 온전히 활용하여 이야기를 더 쉽게 읽을 수 있다.

슬프고 또 충격적이게도 소리 내어 읽어주기의 막강한 혜택은 아직 널리 인정받거나 충분히 알려지지 않았다. 혜택을 아는 부모 중 상당수도 이를 심각하게 받아들이지 않는다. 소리 내어 읽어주는 행위가 너무 쉽고 간단하여 대단해 보이지 않기 때문이다. 부모들은 "네, 알겠어요. 소리 내어 책을 읽어주란 말이죠? 좋아요, 그렇게 할게요"라고 말해놓고도 가끔 생각날 때마다 책을 읽어주지 아이가 읽는 법을 배울 수 있을 만큼 자주 그리고 규칙적으로 읽어주지는 않는다.

가능한 한 자주 소리 내어 책을 읽어주어 아이가 책을 읽는 법을 배우고, 익숙하지 않은 것들과 익숙해지도록 도와주자. 그리고 다시 소리 내어 책을 읽어주자. 그런 다음에는?

자, 다시 소리 내어 책을 읽어주자. 책을 읽어주는 동안은 언제나 아이와 장난을 치면서 단조로운 놀이를 함께 즐겨야 한다. 이것이 가르치지 않으면서 가르치는 방법이다.

제4부

책을 읽어주는 환경

13

좋은 책과 나쁜 책

책이 있는 집

어느 날 이제 막 만 다섯 살이 되는 딸의 생일 선물을 고르는 젊은 아빠를 도와주던 사서가 "따님에게 책을 선물하면 어떨까요?"라고 제안했다.

"책이요? 읽지도 못하는 데 왜 사줘야 하죠?"

내 친구의 시동생은 그녀가 바라는 만큼 아이가 읽기를 빨리 배우지 못하자 걱정이 커졌다. 알고 보니 집에 책이 거의 없었다. 책에 '먼지가 너무 많다'는 것이 그 이유였다.

내가 아는 한 여성은 조카의 아들이 두 돌이 되자 그림책을 여러 권 보내주었다. 아이의 엄마가 답장을 보내왔다. "고마워요! 얼마나 좋은 선물인지 몰라요!"

실제로 책이 한 권도 없는 집이 의외로 많다. 집 안 여기 저기에 굴러다녀 휙휙 넘겨 보거나 빠져들고 싶은 책이 하나도 없는데 어떻게 책에 매력을 느끼겠는가? 현대 사회의 물질적인 특권은 풍족하게 누리면서 책을 읽지 않으려 하거나 혹은 읽지 못하는 아이들이 있다. 이런 상황이 나타나는 이유를 추측하기는 별로 어렵지 않다. 이런 아이들은 유복한 환경에서 자라나 텔레비전을 보는 등 다양한 산업적인 혜택을 누리지만 집에 책이 없기 때문에 책을 사랑하는 법은 전혀 배우지 못했기 때문이다.

집에 책이 없는데도 아이가 읽기를 쉽게 배울 거라고 기대해서는 안 된다. 책이 없다면 아이가 어디서 필요한 활자를 접하고 또 어디서 필요한 언어를 듣겠는가? 아이에게 적합한 방식으로 확장되어야 하는 세상에 대한 이해(지식)는 또 어떻게 넓힌단 말인가? 책 읽어주기는 읽을 만한 책 없이는 진행할 수 없다. 그러므로 책과 책 속의 이야기가 반드시 집에 있어야 한다. 이것이 읽기를 가르치는 데 필요한 첫 번째 조건이다.

좋은 책이 있다는 것은 아이가 그 책을 여러 번 되풀이해 읽으면서 반복해서 책을 읽을 때 생기는 좋은 효과를 얻을 수 있다는 뜻이다. 나는 아델라이드에 사는 한 아이가 가장 좋아하는 닥터 수스의 책을 거의 누더기가 될 때까지 읽었다는 이야기를 들은 적이 있다. 아이의 부모는 7년 동안 그 책을 한 번이 아니라 세 번이나 다시 사주었다. 특정한 책을 구입하여 여러 해 동안 되풀이해서 다시 읽어주는 것만으로도 아이의 읽기 능력 계발을 도울 수 있다.

도서관에 가는 것도 중요하다. 좋아하는 책을 전부 다 살 수는 없기 때문이다. 어린 밀리의 할머니는 콜로라도에 있는 한 학교의 사서였다. 밀리는 도서관을 무척 좋아했다. 밀리가 만 한 살이 되어 막 말문이 트였을 무렵 차를 타고 가다가 밀리의 아빠가 말했다. "밀리, 우리는 오늘 도서관에 갈 거야."

"책!" 밀리는 그 즉시 팔짝팔짝 뛰며 외쳤다. "책! 책! 책!" 밀리는 그토록 어린 나이에 도서관과 책, 책과 행복을 연결시킬 줄 알았다. 놀라운 능력 덕분에 밀리는 인생에서 유리한 고지를 남들보다 훨씬 빨리 차지한 셈이다.

어떤 책을 어디서 사야 하나

이제 책으로 가득 찬 집에서 자란 아이가 그렇지 않은 아이보다 학교에서 더욱 성공적으로 글을 읽을 가능성이 높다는 것을 알게 되었다. 집에 책이 많을수록 아이가 자신만의 취향과 자신이 좋아하는 분야를 넓혀갈 가능성도 커진다. 그런데 우리는 어디서부터 출발해야 할까? 어떤 책을 골라야 할까? 책들은 어디서 찾아야 할까?

책을 열렬히 사랑하는 내 남편은 동료들이 "부인의 새 책을 어디서 구할 수 있죠?"라고 끊임없이 묻는 탓에 가끔 곤혹스러워한다. "서점에서요. 오래된 서점에는 다 있어요."

그럴 때마다 남편은 사람들이 책을 어디서 구할 수 있다고 생각하는지 의문이 들었다고 한다. 서점이 무서운 곳이라고 생각해 겁에 질린 나머지 함부로 들어가지 못하는 것일까? 분명 그렇지는 않을 것이다.

이렇게 말하고 나니 나 역시 몇 년 전 열성적인 원예사가 되기 전까지는 식물 묘목장이라는 곳이 존재하는 줄도 몰랐다는 사실을 밝혀야겠다. 나는 원예에 종사하는 친구가 내 무식함에 놀라 하나하나 가르쳐주기 전까지 철물점을 제외한 어디서나 식물을 구입할 수 있다는 사실을 전혀 몰랐다. 내가 원예를 배울 때 그랬던 것처럼, 책을 자주 찾아보지 않는 사람이라면 책을 어디서 구해야 하는지 모를 수도 있다.

책을 구하기는 어렵지 않다. 연령대에 맞추어 적당한 순으로 정리된 짐 트렐리즈Jim Trelease의 《하루 15분 책 읽어주기의 힘The Read Aloud Handbook》에 수록된 위풍당당한 도서 목록으로 책 읽기를 시작할 수 있다. 트렐리즈의 책에 나오는 추천도서 목록은 유용하고 광범위하기 때문에 아이가 읽어야 할 책을 고르는 지침서로 삼기에 좋다.

지침서에 나온 정보로 무장하고 나면 도서관과 서점에 가기도 부담스럽지 않을 것이다. "여기 나온 이 책 좀 찾아주시겠어요?"라고 말하기만 하면 된다. 만약 도서관이나 서점에 찾는 책이 없다면 주문해달라고 요청하면 된다.

조언과 제안을 해줄 적극적인 서점 주인이나 열정적인 사서를 찾아보는 것도 좋은 생각이다. 그들은 아이들이 시기별로 다른 흥미를 느낀다는 점과 아이마다 수준이 다르다는 점을 알고 있다. 무엇보다 그들은 신간과 구간을 통틀어 책을 잘 안다.

우리 아이들도 잘 아는 동네 사서나 서점 주인과 친구가 되는 것도 좋은 방법이다. 시간을 줄이는 방법이기도 하다. 사서나 서점 주인의 지혜를 빌리고 도움을 요청하여 아이에게 맞는 책을 따로 골라달라고 하거나, 그 자리에서 바로 구할 수 없다면 책을 주문해달라고 부탁할 수도 있다. 클로에가 10대였을 때 나는 서점 주인에게 클로에가 좋아할 만한 책에 관해 조언을 구했다. 나는 클로에 또래의 아이들이 읽는 소설에 대해서는 전혀 몰랐기 때문이다.

의외로 서점 주인들의 도움을 현명하게 활용하는 사람들이 별로 없다. 뉴욕 알바니의 유명 아동 도서 서점인 호지포지 북스의 주인인 프랭크 호지는 어린아이들을 위해 호의를 갖고 책을 고르는 부모들의 부적절한 선택을 보면서 종종 실망한다고 말한다. 그는 부모들과 다른 사람들이 자신의 충고를 주의 깊게 듣기를 바란다. 호지는 출판 산업 쪽에서 40년 넘게 일했다. 다음 글은 호지가 최근 발행한 뉴스 레터 중 하나다.

이제 휴가철도 끝났으니 곧 모든 것이 평소대로 돌아갈 것이다. 나는 크리스마스를 좋아하지만 여러 손님들 때문에 무척 좌절하기도 했다. 새로 태어난 손자를 위해 선물을 사는 손님들은 모두 아이가 하버드대학에 들어갈 거라고 생각하는 것 같다. 만 두세 살짜리 아이를 위해 고르는 책이 대학원생도 읽기 힘든 책이었다. 아이가 실제로 좋아할 만한 책들을 권해보지만, 손님들은 시시하기 짝이 없는 르로이와 호텐스 같은 작가들이 쓴 고전만 골랐다. 사랑하는 가족이 선물하더라도 실제로 아이가 이런 책으로 읽기를 배우고 싶어 할지는 상당히 의심스럽다.

어떤 책이 좋은 책인가

아이가 특정한 책을 좋아할지 말지를 결정하는 데는 수많은 요인이 작용한다. 아이의 선택은 현재 아이가 좋아하는 것, 발달 단계, 심리 상태, 하루 중 책을 읽는 시간대, 피곤한 정도, 책을 읽어주는 어른 때문에 생긴 열정(혹은 열정의 결핍) 등과 관련이 있다.

대체 좋은 책이란 무엇일까? 어떻게 좋은 책을 알아본단 말인가?

아기와 유아를 위한 책을 고를 때는 그들이 각 장에 모자나 외투, 신발, 우산 같은 익숙한 물건이 그려져 있거나 붙어 있는 단순한 논픽션 책을 좋아한다는 사실을 명심해야 한다. 공룡, 화산, 열과 빛, 뱀, 이집트, 날씨 등을 다룬 책은 해당 주제에 조금이라도 관심을 보이는 어린아이에게 적합하다. 유년기 초기에 일으킨 흥미가 평생 갈 열정에 불을 붙이기도 한다.

클로에는 20대 후반에 3년 이상을 파리에서 기자로 일했다. 우리 부부는 외동딸이 11,000킬로미터나 떨어져 산다는 게 솔직히 탐탁지 않았다. 하지만 이런 사태를 초래한 장본인이 과연 누구겠는가? 우리 부부는 클로에가 만 세 살 되던 해에 《프랑스France》라는 단순한 제목의 논픽션 책을 읽어주었다. 클로에는 그 책을 무척 좋아했다. 우리는 같은 시리즈의 다른 책들도 읽어주었다. 클로에는 그 책들도 마음에 들어 했다.

이어서 우리는 프랑스에서 《태양Le Soliel》이라는 책을 사서 읽어주고, 파리가 배경인 《씩씩한 마들린느Madeline》와 역시 파리가 언급되는 《라신 아저씨와 괴물》도 읽어주었다. 클로에의 프랑스를 향한 유년기의 흥미가 평생 가는 열정으로 탈바꿈한 것이다. 만약 여러분의 어린아이가 성장하여 장차 옆집에서

살길 바란다면 아메리카 북부 열대우림 지방을 다룬 책은 절대로 읽어주지 말아야 할 것이다.

어린아이는 단순한 동시에 알아보기 쉬운 그림이 있는 그림책도 좋아한다. 덮개를 들어 올릴 수 있는 책이나 끊임없이 꼼꼼히 들여다볼 수 있는 재미있고 자세한 그림이 있는 책들도 아이가 좋아할 만한 책이다.

이 연령대의 아이는 생기 넘치는 구호, 간단한 노래, 손가락으로 하는 놀이를 곁들인 동요 책도 좋아한다. 책을 읽어줄 때 최대한 몸을 많이 써서 표현한다면 아이가 동요와 노래를 즐기면서 쉽게 배울 수 있을 것이다. 무릎으로 책을 튕기거나 책을 가볍게 흔들거나 또는 손뼉을 쳐서 목소리와 동작이 동시에 이루어지도록 하면 더 좋다.

아이가 시에서 접해 머릿속에 기억해둔 리듬과 운율을 활용하는 방법도 유익하다. 리듬이라는 별 주위를 회전하는 비슷한 구조의 책이나 두드러지게 반복되는 패턴, 매우 분명한 리듬, 새롭거나 혁신적인 방법으로 사용되어 호기심을 자아내는 언어가 나오는 책들을 찾으면 된다. 아이가 직접 말할 때 재미있게 활용할 수 있는 엉뚱한 단어와 구절이 있는 책 말이다. 이런 종류의 책으로는 닥터 수스가 쓴 《합 온 팝Hop on Pop》이 가장 뛰어나다. 별나기까지 한 이 책의 리듬에는 중독성이 있다.

전날 나는 편집자와 그녀의 만 세 살 된 아들 이먼과 함께 차를 타고 간 적이 있다. 아이는 지쳐 있었다. 꽤 먼 길을 가야 했던 우리는 아이가 재미있어 할 만한 노래들을 불러주었다. 그런데 잠시 뒤 이먼이 단호한 표정으로 앞을 바라보며 "적당히 좀 하시지, 노래가 너무 길어"라고 말했다. 《합 온 팝》에 나오는 문장이었다.

그 시점에 이보다 적절한 문장은 없었으리라! 이먼이 문제의 문장을 기억한 이유는 《합 온 팝》의 운율과 리듬이 뇌리에서 사라지지 않을 만큼 강력하고 또 엉뚱했기 때문이다. 그야말로 탁월한 선택이었다. 이먼은 이야기의 논점을 꿰뚫어보고 필요한 말을 정확하게 사용할 줄 알았다.

닥터 수스의 책들처럼 오래 기억하고 싶은 책이 있는가 하면 기억하고 싶지 않은 그림책들도 상당히 많다. 이런 책들은 구석구석까지 지나치게 깜찍한 느낌으로만 가득 차 있거나 마지막까지 다 읽었는데도 무슨 내용인지 전혀 알 수 없다. 우리는 마지막 페이지를 넘기면서 묻는다. "그래서 어쩌라는 거야?"

"그래서 어쩌라는 거야?"라는 질문을 던지게 만드는 책은 아이가 읽기에 적합하지 않다. 이런 책은 아이가 책과 읽기 자체에 대해 흥미를 잃게 만든다. 아마 우리가 가장 원하지 않는 상황일 것이다.

좋은 책이란 의미가 있는 책이다. 독자에게 감동을 주지 않는 책은 어른이나 아이 모두에게 좋지 않다. 책을 읽는 동안 독자가 머릿속에 있는 주요한 생각을 돌아보고 웃음이나 눈물, 공포나 즐거움, 혐오나 낙담, 매혹이나 당혹감을 느낄 만큼 어떤 방식으로든 심오한 영향을 끼친다면 그 책은 좋은 책이다. 아이가 책의 내용을 듣고 웃거나 울거나 소리를 지르거나 몸서리치거나 꿈틀거리거나 몸을 움직이는 등 어떤 식으로든 반응한다면 그 책은 아이의 마음속에 한구석을 차지하여 오래 기억될 것이다.

우리 삶에서 여전히 기억 한 켠에 남아 있는 책들을 떠올려보자. 책을 읽으며 깊이 감동했던 기억이 되살아날 것이다.

곤경도 감동할 만한 주제 중 하나다. 곤경은 우리에게 대단히 중요한 것들로 말미암아 생기는 문제를 말한다. 이를 테면 사랑받고 싶어 하거나 원하는 것을 얻지 못할 때, 따돌림을 받을 때, 목표를 향해 고군분투해야 할 때, 소스라치게 놀랄 때, 슬픈 감정이 치밀어 오를 때, 사람들 앞에서 연기를 해야 하거나 창피를 당했을 때, 최고 혹은 승자가 되고 싶을 때, 질투심을 느낄 때, 안전해지고 싶을 때 생기는 문제들이 바로 곤경이다.

아이의 읽고 쓰는 능력을 계발하기 위해서는 아이가 전혀 관심을 보이지 않는 조잡하고 재미없는 책 여러 권을 집에 두기보다는 아이가 좋아하고 아름다운 문체로 쓰였으며 곤경으로 가득한 책 단 한 권을 소유하는 편이 훨씬 바람직하다. 아이가 아끼고 좋아하는 책이라면 어떤 책이든 그것은 좋은 책이다.

1950년대 초반 내가 어렸을 때 가장 좋아한 책 중 한 권은 리틀 골든 북 시리즈 중 게트루드 크램튼Gertrude Crampton의 《터그보트 스쿠피Scuffy the Tugboat》였다. 위대한 문학 작품은 아니지만 여전히 출간되고 있다. 책 표지에서 스쿠피의 그림을 발견할 때마다 여전히 내 마음은 살짝 요동치곤 한다.

내 치과의사는 아들이 미치도록 좋아한 《토니의 조랑말A Pony for Tony》을 기억한다. 그는 아들에게 단 한 페이지나 한 단어도 빠짐없이 그 책을 되풀이하여 읽어주어야 했다. 아들은 내용을 다 외웠지만 원할 때마다 누구에게든 그 책을 소리 내어 읽어달라고 요구했다. 비록 교육적인 면은 거의 없는 책이지만 그게 무슨 상관인가? 아이는 그 책을 사랑했고, 책 속의 등장인물인 토니와 깊이 교감했다. 소리 내어 책을 읽어줄 때는 이 사실이 가장 중요하다.

아이들은 등장인물과 자신을 동일시하곤 한다. 이것은 아이들이 몇 번이고 같은 책을 반복해서 읽을 수 있는 원동력 중 하나다. 우리는 이미 책을 반복해서 읽는 행위가 읽고 쓰는 능력의 발달에 매우 중요한 요소임을 알고 있다. 아이가 같은 이야기를 되풀이해서 읽어달라고 요구하는 것은 기대하지 않은 뜻밖의 수확이나 다름없다. 아이는 등장인물을 좋아하거나 등장인물에게 공감하거나 인물 속에서 스스로를 발견할 때 책을 다시 읽어달라고 요구한다.

한 엄마는 내게 그녀의 딸이 《코알라 루》의 주인공을 좋아한다고 말했다. 하루는 책을 여러 번 읽고 나자 아이가 특정한 페이지를 넘기기 전에 계속 기다리자고 우겼다고 한다. 코알라 루가 부시 올림픽에서 고무나무에 기어올라 명백한 승리를 거두기 직전이었다. 아이는 다음 페이지에서 재앙이 닥친다는 사실을 알고 있었다. 코알라 루는 결국 승리하지 못한다.

"잠깐, 잠깐 기다려. 아직 넘기지 마." 아이가 말했다.

"왜 안 되는데?" 엄마가 물었다.

"좀 기다리면 이번에는 코알라 루가 이길지도 모르잖아!"

나 역시 조카 타미에게 그 아이가 잘 아는 딕 로우지Dick Roughsey의 《거대한 괴물 딩고The Giant Devil Dingo》를 읽어주며 비슷한 경험을 한 적이 있다. 타미는 당시 만 세 살이었다. 펼쳐진 페이지에는 거대한 괴물 딩고가 산의 한쪽으로 돌아오는 극적인 그림이 그려 있었다. 타미는 가만히 기다리기만 할 뿐 페이지를 넘기지 않았다.

"무슨 문제라도 있니?" 내가 물었다.

"딩고가 완전히 사라질 때까지 기다리는 거야. 딩고는 무섭잖아."

아이가 이렇게 반응하면 책을 읽어주는 어른은 무척 즐겁다. 책 속의 등장인물들이 아이의 마음속으로 들어와 머무른다는 사실을 보여주기 때문이다.

어떤 책의 내용을 샅샅이 살펴 장점과 단점을 아울러 핵심적인 요소를 발견한 뒤 그 책을 사거나 빌릴지 결정하는 최선의 방법은 놀랍게도 소리 내어 책을 읽는 것이다. 시간을 내어 두툼한 책 더미 옆에 앉아 소리 내어 책을 읽으면 좋은 책과 나쁜 책을 상당히 빨리 구별하게 된다. 지루한 책은 얼핏 보아도 금방 알 수 있다. 이리저리 움직이면서 읽거나 문장을 건너뛰거나 리듬을 분명히 파악하기 위해 다시 읽어야 하는 책은 충분히 좋은 책이 아니다. 책의 문장을 구성하는 데 완벽하게 들어맞는 단어들이 사용되지 않았거나 적절한 위치에 놓이지 않았을 수도 있다. 우리는 이야기가 훌륭하면서도 언어로 즐거운 놀이를 할 수 있는 책을 찾아야 한다.

집에 어떤 책을 둘지를 판단하기는 어렵지 않다. 정말로 좋은 책은 우리가 가만히 내버려두지 않는다.

아직도 어떤 책이 좋은 책인지 궁금하다면 다른 부모들과 소리 내어 읽어주기에 좋은 아동용 도서를 공유하는 독서 그룹을 만드는 것도 좋은 방법이다. 가장 좋은 책들을 접하면 어른들 역시 금세 아동용 도서에 빠져들 것이다.

아이가 이렇게 반응하면 책을 읽어주는 어른은 무척 즐겁다. 책 속의 등장인물들이 아이의 마음속으로 들어와 머무른다는 사실을 보여주기 때문이다.

옛날이야기와 상상력

지금까지는 옛날이야기를 하지 않았다. 하지만 옛날이야기는 대단히 중요하며 결코 빠트릴 수 없는 분야다.

아인슈타인이 한 여성과의 일화를 이야기한 적이 있다. 그녀는 아들을 영리하게 키우려면 어떻게 해야 하냐고 아인슈타인에게 물었다고 한다. "옛날이야기를 읽어주세요." 아인슈타인이 말했다.

아인슈타인이 농담을 한다고 생각한 여성은 웃음을 터트리며 다시 물었다. "옛날이야기를 다 읽어준 다음에는 어떻게 하죠?"

아인슈타인이 대답했다. "옛날이야기를 더 많이 읽어주십시오."

옛날이야기는 우리가 세부 사항에 집중하게 하고 문제 해결에 대단히 적극적으로 임하도록 한다. 또한 예측과 의미 부여의 터널을 헤쳐 나가게 하며, 감정의 나락으로 굴러 떨어졌다가 거슬러 올라오게 한다.

두꺼운 분량에 비해 그림은 몇 개 실려 있지 않은 옛날이야기 책도 있다. 그 책은 그림이 적기 때문에 특별하다. 아이가 이야기를 들으면서 상상의 나래를 마음껏 펼칠 수 있어서다. 단어에 매료된 채로 이야기를 듣는 동안, 아이는 두뇌를 적극적으로 활용하여 자신만의 그림을 창조한다. 그리하여 아인슈타인이 열성적으로 알린, 대단히 중요한 상상력이 계발된다.

나는 가끔은 아이에게 이야기를 읽어주기보다는 들려주라고 말한다. 책이 없어도 된다. 그림도 필요 없다. 이야기를 듣는 아이들 중 일부는 하루 종일 텔레비전을 보느라 상상력이 짓밟혀 머릿속으로 장면과 등장인물, 사건을 만들어내기 어려울 것이다.

예전에 교실에서 이야기를 들려줄 때 있었던 일이다. 이야기가 절반쯤 지나 막 극적인 장면이 나오려 할 때 뒷자리에 앉은 한 학생이 절박하게 소리를 질렀다. "안 보여요! 난 책이 안 보여!"

이 학생은 우리가 책을 보고 있지 않다는 것을 몰랐다. 이야기를 들으며 상상력을 키우지 못한 아이는, 스스로 의도하지 않았겠지만, 앞으로도 책의 내용을 머릿속으로 그려보는 잠재력을 결코 계발할 수 없을지 모른다.

최고의 그림책이나 소설과 마찬가지로 옛날이야기는 아이가 살아가는 데 필요한 규칙을 제시한다. 사랑과 슬픔, 용기와 인내, 역경에 꿋꿋하게 맞서는 태도, 끈질기게 삶을 헤쳐 나가는 모습, 짓밟힌 이들을 보살피는 사람들이 등장하는 명확한 사례를 보여주어 희망을 심어준다. 옛날이야기는 문학 가운데 가장 뛰어난 설교로서 아이의 기억 속에 울려 퍼져 올바른 삶으로 안내하는 표지판으로서 항상 그 자리에 머문다.

전문가들은 이야기 속에 흔히 등장하는 인과관계를 한 번도 경험해본 적 없는 소년범들 중 대다수가 자신의 범죄가 가져올 결과를 상상하지 못한다고 말한다. 이 점을 바로잡기 위해 일부 사회 복귀 프로그램에는 실제로 소년범들에게 소리 내어 이야기를 읽어주는 과정이 포함되어 있다.

브루노 베텔하임은 《옛이야기의 매력》에서 옛날이야기는 인간의 사회 발달에 대단히 중요하므로 최대한 자주 옛날이야기를 읽어야 하며, 반드시 피비린내가 진동하는 원래 버전을 골라야 한다고 말한다. 희희낙락하거나 불쾌한 부분을 제거하고 사탕발림을 한 버전으로 읽어서는 안 된다는 것이다.

아이는 무시무시한 동화를 들을 때 침묵하거나 이야기에

푹 빠져들거나 초조해하거나 깜짝 놀라거나 경악하거나 심지어 눈물을 흘리기도 한다. 하지만 이야기를 듣는 동안 매우 즐겁고 안전한 상태가 이어진다면(이런 상태여야 한다는 점은 대단히 중요하다) 아이는 동화 속 드라마를 다시 체험하고 싶어 할 것이다.

소름 끼치는 이야기에서는 다른 누군가의 드라마가 펼쳐진다. 소름 끼치는 이야기가 매력적인 이유다. 그리고 마침내 아이는 착한 사람은 오랫동안 행복하게 살고 나쁜 사람은 곤경에 처한다는 행복의 동아줄을 타고 구조된다.

까다로운 부모와 교육자들은 아이가 문학을 읽고 과장된 감정을 느끼는 것을 달가워하지 않는다. 하지만 아동심리학자들은 그것에 동의하지 않는다. 책의 주요한 기능은 우리가 평소 경험하기 힘든 고통스러운 현실을 체험하게 하고, 적절한 감정을 느끼게 하고, 공감하거나 판단하게 하고, 우리의 흥미를 붙잡아두는 것이다. 아이들이 읽는 책에서 안 좋은 내용을 전부 골라낸다면 훗날 아이들이 실제로 그런 상황에 맞닥뜨렸을 때 얼마나 큰 충격을 받고 혼란스러워하겠는가?

14

텔레비전, 켤까 끌까

텔레비전은 나쁘다?

읽기 자체가 원래 '좋은 것'은 아니다. 마찬가지로 텔레비전 자체도 원래 '나쁜 것'은 아니다. 중요한 점은 읽기와 텔레비전에서 즐거움, 경험, 휴식, 흥분, 두뇌 작용, 지식의 성장, 그리고 만족감 같은 '좋은' 것을 얻을 수 있는가 하는 문제다.

우리는 대부분 아이를 텔레비전 앞에 내버려두는 데 죄책감을 느끼며 스스로를 몰아세운다. 아이가 책을 사랑하게 하고 평생토록 책을 읽게 하고 싶다면 아이의 침실에 텔레비전을 설치해서는 안 된다. 그렇다고 집에 텔레비전을 아예 없애는 것은 어리석고 바람직하지 않다. 텔레비전과 인터넷 모두 없애서는 안 된다. 둘 다 우리 옆에 있어야 한다. 텔레비전과 인터넷에는 매력적인 요소가 상당히 많기 때문이다.

아이는 좋은 텔레비전 프로그램에서 엄청난 배움을 얻는다. 눈앞에 펼쳐지는 새로운 세상과 각양각색의 경험은 마음의 폭을 넓히는 귀중한 통찰력을 제공한다. 아이가 책을 읽기 시작할 때도 도움이 된다. 확실히 텔레비전의 풍요로운 가치를 외면해서는 안 된다.

만약 아이가 등교하기 전 아침 시간에 텔레비전을 본다면, 멍청한 소비자보다는 영리하고 호기심 왕성한 존재로서 가장 온화하고 느릿느릿한 프로그램을 시청해야 한다. 아침에 저급하고 빠르고 격렬한 프로그램을 시청하면 낮 시간 동안 진행될 아이의 집중력이 심각하게 손상을 입는다. 아이의 두뇌 활동이 저하되고, 학교 생활에 대한 실현 불가능한 기대를 갖게 되기 때문에 위험하다. 속사포처럼 빠르게 내뱉는 말, 시시각각 변하는 빛과 색깔, 고함치는 것 같은 소리의 뒤섞임, 빠른 화제 전환 같은 요소는 대부분 교실에서 일반적으로 볼 수 있는 상황이 아니다.

텔레비전에 대해 초조해하거나 불안해하기보다는 읽기를

텔레비전만큼 매력적으로 여길 수 있도록 초점을 맞추는 편이 더 현명하다. 내가 아는 한 어린아이는 텔레비전에 중독되어 읽을 줄 아는데도 책을 전혀 읽지 않았다. 아이의 엄마는 불안해하며 나에게 도움을 청했다. 아이의 성적이 하위권이었기 때문이다.

내가 처음 발견한 사실은 아이가 침대에서 책을 읽지 못한다는 점이었다. 밤에 잠에서 깼을 때 놀랄 경우를 대비해 근처에 램프가 놓여 있었다. 서재에 책도 있었다. 엄마가 보라고 놔둔 책이었지만 아이에게 읽으라는 격려를 한 적은 없었다.

또한 책을 읽을 시간도, 책을 읽을 만한 차분한 공간도 없었다. 집에는 텔레비전이 항상 켜져 있었다. 겨울에는 책을 읽을 만한 따뜻한 장소가 없었다. 집에서 가장 따뜻한 방에 텔레비전이 있었기 때문이다. 아이가 몸을 웅크리고 책을 읽을 만한 편안한 소파도 없었다. 텔레비전이 있는 방이자 따뜻하고 불이 잘 들어오며 편안하고 시끄러운 방에만 소파가 있었다. 여름에도 책을 읽을 만한 시원한 장소가 없었다. 편안한 소파를 갖춘 방이자 집에서 가장 시원한 방에 텔레비전이 있었기 때문이다.

아침에 저급하고 빠르고 격렬한 프로그램을 시청하면 낮 시간 동안 진행될 아이의 집중력이 심각하게 손상을 입는다. 속사포처럼 빠르게 내뱉는 말, 시시각각 변하는 빛과 색깔, 고함치는 것 같은 소리의 뒤섞임, 빠른 화제 전환 같은 요소는 대부분 교실에서는 일반적으로 볼 수 없는 상황이다.

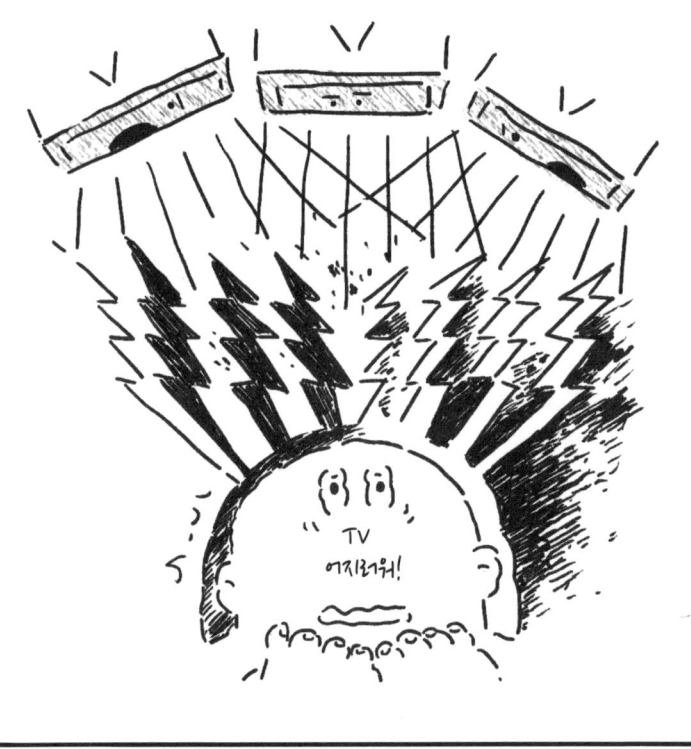

딸의 독서 수준을 염려하는 엄마의 걱정은 매우 현실적이었다. 엄마는 이 문제를 자신이 책임져야 하며 상당히 심각하다고 우려했다. 하지만 아이에게 격려와 시간, 책과 잡지, 빛과 침묵, 겨울의 따뜻함과 여름의 시원함, 매일 밤 침대에서 책을 읽을 수 있는 편안함 같은 기본적인 요건을 제공하자 문제는 간단하게 해결되었다.

아이의 입장에서 보면, 텔레비전을 볼 때 좋은 점 중 하나는 경쟁할 필요가 없다는 것이다. 텔레비전을 잘 본다거나 못 본다는 게 존재하지 않는다는 의미다. 아무도 텔레비전 보는 사람의 능력을 문제 삼지 않는다. 우리보다 더 잘 보는 사람도, 더 못 보는 사람도 없다. 어떤 부모도 다른 부모에게 "브렛은 텔레비전을 가장 잘 보는 그룹에 속해요. 정말 기분이 좋다니까요"라며 자랑하지 않는다.

반면 학교에서 아이들은 누가 가장 책을 잘 읽고, 누가 가장 책을 못 읽는지 안다. 읽기 일정은 가장 진도가 더딘 학생이 3학년이 되어서도 대단히 낮은 수준으로 책을 읽는다는 사실을 온 학급이 다 알게끔 짜여 있다. 이제 이 아이는 수치심을 느끼며, 공공연한 실패 사례가 되어 결국 아이의 삶을 바꾸어놓는다. 상황이 이런데도 아이가 텔레비전 시청을 더 좋아한다는 게 과연 놀라운 일일까?

책 읽기가 스트레스가 되어서는 안 된다

아델라이드의 한 어린 여자아이는 읽기를 싫어했다. 읽기가 싫은 이유를 묻자 아이가 대꾸했다. "책을 읽다 보면 다리가 아파요."

이 아이는 틀림없이 물리적으로나 감정적으로 추운 환경에서 자주 소리 내어 책을 읽어야 했을 것이다. 한 단어 걸러 한 단어씩 지적받을까 봐 두려워하며 선생님의 책상 앞에서 불편한 자세로 서 있어야 했을 것이다. 일정 시간 동안 서서 텔레비전을 본 사람이 누가 있겠는가?

이 가엾은 아이는 책을 두려움, 수치심, 지루함과 함께 연관 짓도록 배웠다. 텔레비전 때문에 아이가 두려움, 수치심, 지루함을 느낀 적이 있을까? 이 아이가 텔레비전을 더 좋아하는 것은 당연했다!

당혹스러운 언어와 아무런 영감도 주지 않은 플롯, 끔찍한 그림이 있는 책과 함께 '책 읽는 학생'의 길을 따르라고 강요받는다면 당연히 텔레비전 시청을 더 좋아할 수밖에 없을 것이다. 텔레비전이 주는 흥미라는 가치와 책이 주는 지루함이라는 특성은 비교조차 안 된다.

클로에가 초등학교 1학년이었을 때 선생님은 아이가 학교에서 가르치는 방식대로 책을 읽는 학생이 되리라고 생각했다. 당시 클로에는 매일 밤 우리에게 학교에서 지정한 페이지를 소리 내어 읽어주겠다고 우겼다. 우스꽝스럽고 불필요한 일이었음에도 말이다. 클로에는 벌써 유창하게 그림책을 읽을 줄 알았다.

이 연습의 가장 나쁜 점은 클로에가 소리 내어 책을 읽는 방식에 있었다. 평소처럼 생생한 표현을 담아 읽지 않고 클로에는 단어를 처음 해독하는 아이처럼 부자연스럽게 읽기 시작했다.

"팀/과/팻/과/로/버/는/공원/에/놀러/갔어요."

"맙소사, 도대체 왜 그렇게 읽는 거니?" 내가 물었다.

"학교에서는 이렇게 읽어야 해. 멍청해 보이지?"

내가 하도 웃는 바람에 클로에는 결국 울음을 터트리고

말았다. 그날 이후로 매일 밤 말콤이 클로에의 읽기 과제를 도와야 했다. 내가 도저히 스트레스를 견딜 수 없어 했기 때문이다. 처음에는 웃었지만 이런 연습 때문에 클로에가 아예 책 읽기를 멀리하게 될지도 모른다고 생각하니 더욱 견디기 어려웠다.

어떤 선생님도 "오늘 밤 이 정도 분량의 텔레비전을 반드시 시청해야 합니다"라고 말하지 않는다. 우리가 텔레비전을 보는 이유는 그냥 보고 싶기 때문이다. 텔레비전은 우리에게 반드시 그 일을 해야만 한다는 스트레스를 전혀 주지 않는다. 아이가 텔레비전을 좋아하는 또 다른 이유이기도 하다.

그럼에도 불구하고 우리가 뛰어난 글 솜씨로 마음을 사로잡고 삶에 감동을 주어 오래 기억되는 작품을 쓴 탁월한 작가들의 훌륭한 작품을 끊임없이 읽어준다면 아이는 책을 좋아하게 될 수 있다.

15

집에서의 책 읽기, 학교에서의 책 읽기

아이가 책 읽기를 꺼린다면

우리의 사랑스러운 갓난아이가 소리 내어 책 읽어주는 것만 들으며 영원토록 집에 머물러 있을 수만은 없다. 학교에 들어가 정식으로 읽고 쓰는 교육을 받아야 한다. 학교에서 읽기와 쓰기를 가르치는 데 사용하는 방법에 따라 가슴 벅찬 경험이 될 수도 희망을 꺾는 경험이 될 수도 있다.

아이가 학교에서 읽기 배우는 것을 힘들어하면 처음에는 아이를 나무라고 싶은 충동을 느낄 것이다. 하지만 이런 충동은 부당하다. 아이가 읽으려는 책의 삽화가 흉측하거나 문체가 형편없을 수 있다. 책이 지나치게 어렵거나 자꾸 하품만 나올 만큼 지루할 수도 있다. 학교에서 책을 읽는 학생이 자꾸 실수를 반복하는 아이 앞에 서면 모든 것이 날카롭게 느껴진다. 몸, 두뇌, 교사, 상황을 비롯하여 분위기도 냉랭하게 다가온다. 웃고 즐길 여유나 시간 같은 건 없다. 아이가 배울 만한 것도 별로 없다. 아이는 그저 잔뜩 몸이 굳어 도망치고만 싶다.

어른이 읽어주는 책과의 관계 때문에 어른과 문제가 생길 수도 있다. 책이 너무 지루하고 무의미해 어른과 책을 싫어할 수도 있다. 그래서 가뜩이나 책을 읽기 어려워하는 아이들을 향한 감정이 조바심과 짜증으로 얼룩질 수도 있다.

하지만 또 다른 문제는 아이와 어른 사이의 관계가 멀어진다는 데 있다. 조심스럽게 말하자면 어른(아마도 교사)과 아이가 사이좋게 지내지 못할지 모른다. 좀 더 솔직하게 말하자면 어른과 아이가 서로를 싫어할 수도 있다. 이런 상황에서는 순조롭고 행복한 읽기가 이루어질 수 없다.

몇 년 동안 책 읽기에 귀를 기울여왔으면서도 읽는 법 배우기를 싫어해 혼란을 주는 아이들이 있다. 이들 중 상당수가 집에서 둘째거나 더 아래에 해당한다. 이 아이들은 잠자리에서 진행되는 소리 내어 책 읽기 시간 동안 부모의 관심과 애정을 독차지할 수 있다는 사실에 상당히 집착한다. 책을 읽을 줄 알게 되면 부모의 특별한 관심이 사라질 것이라고 무의식적으로 생각한다. 소리 내어 책 읽어주기의 장점이 워낙 대단하여 책을 읽을 수 있든 없든 관계없이 가능한 한 오래 부모가 책을 읽어줄 것이라는 사실을 알지 못한다. 이런 아이들에게는 스스로 책을 읽게 되더라도 부모가 소리 내어 읽어주는 것을 그만두지 않는다는 점을 확실히 알려주어야 한다.

시간이 좀 걸리긴 하지만 결국에는 이 아이들도 읽기를 배운다. 아이가 좋아하는 책을 소리 내어 읽어주는 것은, 시간이 오래 걸릴지 모르겠지만, 언제나 읽고 쓰는 능력 발달에 매우 유익하다.

읽기와 관련된 모든 문제가 관계에서 비롯되는 것은 아니다. 책을 읽는 동안 실수를 거듭하는 아이도 있는데 이런 실수도 물론 문제가 된다. 그럴 때 아이의 실수를 바로잡아주어야 할까?

대체로 책 읽어주는 소리를 규칙적으로 들은 아이는 뜻이 전혀 통하지 않는 내용으로 읽지 않는다. 문장은 뜻이 통해야 한다는 점을 알기 때문이다. 그런 실수를 하기에는 이미 너무 오랫동안 뜻이 통하는 단어들을 들어온 것이다. 하지만 정말 어처구니없는 실수를 하거나 '달 노랗게 자란다 쓰레기가 아니다'와 같이 전혀 터무니없는 내용으로 읽는다면, 그 이유는 이야기의 수준이 많이 높기 때문일지도 모른다. 이처럼 특별히 어려운 책을 읽을 때는 요령껏 아이의 긴장을 풀어주어야 한다. 어려운 책일수록 더 자주 소리 내어 읽어주어야 한다.

아이의 읽기를 응원하자

가끔 아이가 특정 단어를 잘 읽지 못해 우리에게 도움을 요청할 수 있다. 그럴 때는 초조해하지 말고 아이의 시선을 다시 활자에 집중하게 한 다음, 우리를 둘러싼 느낌이나 우리의 얼굴이 아니라 활자에 읽기의 비밀이 숨어 있다는 점을 깨닫도록 가르쳐야 한다.

아이는 자신이 필요로 하는 도움이 글자 속에 들어 있다는 사실을 배워야 한다. 아이가 단어를 계속 보면서도 읽지 못한다면 기다리느라 더 이상 시간을 끌지 말고 도와주어야 한다. 동시에 우리가 단어를 발음하는 동안 아이가 단어를 쳐다보는지를 반드시 확인해야 한다.

아이가 혼자서 책을 읽게 되기 전에 특정한 책을 자주 소리 내어 읽어주면 아이가 도움을 청하는 일이 점점 줄어들 것이다. 아이는 기억 속에 저장된 정보, 활자와 언어에 대한 이해, 관련 지식을 활용하여 어려운 단어를 전부 이해하게 될 것이다.

아이가 우리를 따라 아주 침착하게 그리고 대부분 정확하게 소리 내어 읽으면 마치 실수한 부분만 듣고 있던 것처럼 잘못을 하거나 실수를 할 때마다 지적하고 싶은 유혹을 느낄 것이다. 하지만 이런 행동은 책을 읽느라 쩔쩔매는 어린아이를 맥 빠지게 만든다. 이런 상황을 유발하는 행동을 하지 않도록 주의하면서 '좋아', '멋져', '훌륭해', '잘했어' 같은 긍정적인 말로 용기를 북돋아주어야 한다.

그렇다고 지나치게 칭찬해서는 안 된다. 칭찬은 진실해야 한다. 그렇지 않으면 아이의 능력에 대해 잘못된 생각을 심어주어 훗날 아이가 실제 능력에 대한 진실을 알게 되었을 때 화를 내거나 실망할 수도 있다. 잘한다는 말만 듣다가 어느 날 아이가 단어를 계속 보면서도 읽지 못한다면 기다리느라 더 이상 시간을 끌지 말고 도와주어야 한다. 동시에 우리가 단어를 발음하는 동안 아이가 단어를 쳐다보는지를 반드시 확인해야 한다.

제4부 책을 읽어주는 환경

갑자기 그 말이 항상 진심은 아니었다는 사실을 알게 되면 그 동안 속았다는 느낌이 들 수도 있다. 중요한 것은 우리가 아무리 지치고 힘들더라도 집에서 아이가 글을 읽거나 쓸 때만큼은 항상 긍정적인 태도로 함께 즐겁게 놀아보자는 마음을 갖도록 노력해야 한다는 사실이다.

아이가 가장 좋아하는 책을 읽는데도 계속 제대로 읽지 못한다면 대단히 엄격한 태도를 취하며 정한 시간만큼 정확하게 읽는 데만 집중하도록 강요하고 싶어질 수 있다. 아이가 자꾸만 단어를 잘못 읽게 내버려두지 못할 것이다.

부디 이 문제에 관대해지자. 책과 읽기 문제로 조바심을 내고 엄하게 굴면 읽기 과정에서 모든 애정과 놀이, 행복이 사라지는 끔찍한 사태를 초래하고 말 것이다. 어쩌면 아이에게 더 자주 소리 내어 책을 읽어주는 것만으로도 문제가 해결될 수 있다.

'글자와 단어에 집중하기' 놀이도 좋은 방법이다. 부모가 책을 읽은 다음 아이에게 이렇게 말한다. "책에서 단어를 하나 골라보렴. 아무 단어나 괜찮아. 그러면 내가 그 단어가 어떤 글자로 시작하는지 말해볼게. 그런 다음 내가 단어를 고르면 이번에는 네가 그 단어가 어떤 글자로 시작하는지 알려주는 거야. 그런데 한 가지 조건이 있어. 같은 글자를 두 번 써서는 안 돼. 우리가 사용한 단어 목록을 적어두는 게 좋겠다. 같은 글자를 두 번 쓰는 사람이 지는 거야." 이 놀이는 아이에게 각 단어가 실제로 어떻게 쓰이는지를 알려준다.

아이와 함께 놀이를 하는 동안 부모는 자신의 순서든 아이의 순서든 상관없이 선택된 모든 단어를 소리 내어 읽어준다. 이때 아이가 각각의 단어를 구별하는지 확인하고 아이의 모든 노력을 칭찬해주어야 한다. 일부러 같은 글자를 두 번 골라 놀이에서 진 다음 아이가 글자의 목록을 쓸 수 있도록 도와준다. 놀이를 하는 동안 부모도 신날 것이다. 실제로 이 놀이는 무척 재미있다. 그리고 아이는 예전에 잘못 읽은 단어를 정확하게 읽은 방법을 배우게 된다.

아이가 조금이라도 놀이를 싫어하는 낌새를 보이면 절대로 그냥 넘어가서는 안 된다. 아이가 놀이를 하고 싶어 하지 않는데 부모 쪽에서 놀이를 하자고 우겨서는 안 된다. 그럴 때는 당황하지 말고 계속해서 소리 내어 책을 읽어주면 된다.

이번 장을 시작하면서 말했듯이, 아이가 책을 제대로 읽지 못한다고 해서 그 책임을 아이에게 전가하는 행위는 부당하다. 가엾은 아이에게 '읽기 장애' 혹은 '학습 장애'가 있다고 말하기는 무척 쉽다. 하지만 실제로는 '책-선택 장애' 혹은 '관계-장애', 상황에 따라서는 '교사 장애'가 있다고 하는 편이 더 적절할지 모른다.

자신의 잘못이 아닌데도 이른바 '장애'가 있다고 간주되는 아이는 평범한 아이들보다 읽기를 배우는 데 시간이 오래 걸린다. 심각하게는 읽기를 아예 배우지 못하는 아이도 있다. 충격에 휩싸인 부모들은 대개 이런 아이들이 학교에서 겪는 문제를 '난독증'이라는 사회적으로 허용 가능한 표지로 위장하곤 한다. 실제로 난독증을 겪는 아이와 어른들이 있다. 하지만 난독증이라는 병명을 남용하는 경향이 있다.

불안은 아이가 만 여덟 살이 되어서도 책을 읽지 못할 때 느껴도 늦지 않다. 아이가 그때까지도 읽지 못한다면 전문적인 도움이 필요할 수 있다. 하지만 어떤 상황이 발생하더라도 아이에게 부담을 주는 일은 피해야 한다. 배우는 사람에게 부담과 좌절감은 아무런 도움이 되지 않는다. 전문적인 도움을 받는 목표는 읽기를 환상적이고, 즐겁고, 아주 우습고, 스릴 넘치고, 유용하고, 흥미롭고, 경이롭고, 반드시 필요하고, 또 바람직하다고 느끼기 위해서다.

학교와 무관하게 집에서는 꾸준히 소리 내어 책을 읽어주어야 한다. 그것이 읽기와 관련된 대부분의 문제를 해결하고 아이의 행복과 읽고 쓰는 능력, 미래를 지탱하는 버팀목이 되어줄 것이다.

16

남자아이와 읽기

어릴수록 좋다

"남자아이다!"라는 말을 들으면 우리는 아들이 책 읽어주는 것을 좋아하고 인류의 다른 절반처럼 재빨리 책과 사랑에 빠지기를 바랄 것이다.

남자아이와 읽기를 연결하는 비결은 아이가 아주 어릴 때부터 시작하는 것이다. 아기가 태어난 첫 달부터 아주 어린 아기들을 위한 책에 흔히 나타나는 운율과 리듬, 반복으로 아기의 삶을 사로잡아야 한다. 요람에 누운 남자아기(물론 여자아이도)에게 즐겁고 시끌벅적하고 애정이 넘치면서도 부드럽고 달콤하게 책을 자주 읽어준다면 아기도 우리 품을 벗어나 세상의 다른 모습을 탐험하기 전부터 책과 행복을 연결 짓게 될 것이다.

내 동료 로레인에게는 세 살 터울의 아들이 둘 있다. 로레인은 둘째에게 모유를 주면서 형인 네이선에게 책을 읽어주어 네이선이 소외감을 느끼지 않도록 신경 썼다. 아기에게 다른 쪽 가슴으로 젖을 줄 때면 네이선도 자리를 바꾸곤 했다.

결국 갓난아기인 로완은 태어난 지 5일 후부터 날마다 규칙적으로 에릭 칼Eric Carle, 모리스 샌닥Maurice Sendak, 존 버닝햄John Burningham의 이야기를 들을 수 있었다. 로완은 아이가 되어서도 책을 좋아했고, 만 다섯 살이 되기 전에 읽는 법을 배웠다. 로레인이 침실 전용 램프를 사주자 로완은 침대에 누워서도 책을 읽었다. 로완은 엄마에게 카드를 그려주며 램프가 자신이 받은 가장 좋은 선물이라고 표현하기도 했다. 만 스물여덟 살이 된 로완은 여전히 책 읽기를 좋아한다. 로완은 아기 때부터 책에 매혹된 것이다.

잠자리에 드는 시간 활용하기

남자 아기들이 점점 커가면서 읽기에 전혀 관심을 보이지 않는 때가 있다. 예를 들어 열두 달에서 열여덟 달까지 아기의 집중력은 사방으로 뻗어나간다. 이것은 지극히 정상적인 현상이다. 이 시기의 남자 아기는 옆에 쿡 찌를 신기한 플러그나 함께 놀 친구가 없으면 책 읽어주는 소리를 들으려 하지 않는다.

하지만 하루 중에 소리 내어 읽어주기가 절대로 실패하지 않는 시간도 있다. 바로 잠드는 시간이다. 이 시간이면 이리저리 돌아다니던 아기도 지쳐 움직이지 못한다. 눈이 감기고 호흡이 느려진다. 좋았어! 아기가 가장 좋아하는 이야기가 아기를 은혜로운 잠으로 이끄는 동안 옆에서 편안하고 부드러운 목소리로 책을 읽어주는 부모의 존재가 아기를 온통 감쌀 것이다.

매튜는 부모가 책 읽어주는 것을 무척 좋아했다. 몸이 자라 더 이상 아기 침대에서 잘 수 없게 되자 부모는 특대형 1인용 침대를 사서 아들과 나란히 누워 소리 내어 책을 읽어주었다. 부모는 휴식을 취하고 아들은 잠이 드는 시간이었다. 매튜는 개별 교육을 받지 않고도 만 네 살 때 읽는 법을 익혔다. 매튜는 자기 전에 부모가 책 읽어주는 시간을 무척 좋아하여 이 시간이 오래 지속되기를 바랐다. 매튜는 지금 만 아홉 살이지만, 부모는 밤마다 한 사람씩 번갈아가며 여전히 아들과 나란히 누워 책을 읽어주곤 한다.

읽기 배우기는 경쟁이 아닌 놀이

언제나 조용한 분위기에서 책을 읽어주어야 하는 것은 아니다. 또한 책을 읽어줄 때 아이가 수동적으로 아무런 참여 없이 가만있어야 하는 것도 아니다. 오히려 같은 이야기를 반복해서 읽어주면서 아이가 열정적으로 참여하도록 이끌어야 한다.

적절한 순간에 아이와 각 단어에 대해 이야기를 나눌 수도 있다. "그래, 이게 곰이라는 단어야. 한 번 곰이라고 해봐." 그런 다음 곰이라는 단어가 나올 때마다 책을 탕 하고 내리친다. "자, 이게 바로 캥거루야. 정말 똑똑하기도 하지." 책 읽어주기는 언제나 함께 노는 것처럼 웃음을 터트리면서 즐겁게 진행해야 한다.

내가 소리 내어 책을 읽어주는 것을 직접 본 한 아빠는 딸에게 예전과는 전혀 다른 방식으로 책을 읽어주었다고 말했다. "이젠 책 읽어주는 게 정말 재미있어졌어요. 그동안은 지루하게 읽어서 저도 그렇고 딸아이도 소리 내어 책 읽는 걸 별로 좋아하지 않았거든요."

션의 가족도 소리 내어 책 읽어주는 시간을 대단히 즐겼던 것 같다. 다음은 션의 엄마인 엔지가 내게 보낸 편지다.

> 당신이 쓴 책은 우리 삶에, 우리 아이와 아이의 어린 시절에 함께 나눈 감격적인 기억 속에 특별한 자리를 차지하고 있어요. 우리 아들은 만 세 살인데 벌써 초등학교 2학년 아이처럼 읽을 줄 안답니다. 아들이 5개월 되는 때부터 매일같이 책을 읽어주었거든요. 지금은 아들이 어린 여동생에게 책을 읽어줍니다. 여동생이 태어난 다음날부터 그랬어요. 저는 당신의 충고를 따랐고, 《하루 10분 책 육아》는 제게 가장 소중한 책 중 한 권이 되었답니다!

내가 엔지에게 연락하자 그녀는 몇 번이고 똑같은 소리로 일화를 들려주었다. 자주 들어도 들을 때마다 매번 가슴이 벅

차오르곤 한다. 엔지는 아들 션이 태어난 지 5개월이 되었을 때부터 책을 읽어주었다. 《잘 자라, 우리 아가》는 그녀가 처음으로 산 내 책이라고 했다. 《하루 10분 책 육아》는 션이 거의 만 두 살 되었을 때쯤 읽은 것 같다고 말했다. 엔지는 내 책을 본 뒤 자신의 태도가 달라졌다고 설명했다(엔지는 내 책을 읽기 전부터 이미 달라져 있었던 것 같다). 엔지는 너무나 간단한 이 방법을 자신이 아는 모든 친구들에게 알려주지 않고는 견딜 수 없었다고 한다.

션의 읽기 능력은 매우 빠르게 발전했다. 3년 7개월이 되자 션은 7년 7개월 된 아이의 수준으로 읽었고, 어휘력은 14년 6개월 된 아이의 수준에 이르렀다. 엔지는 션의 성장이 단지 내가 추천한 대로 한 덕분이라고 거듭 강조했다.

션이 전국에 방송되는 프로그램인 〈지니어스 키드Genius Kid〉에 출연하게 된 일도 어찌 보면 당연하다. 션의 아이큐는 147이고, 다섯 살에 멘사에 가입했다. 엔지는 이렇게 말했다. "션이 모든 걸 잘하는 것처럼 보이지만 사실은 정말 평범한 아이예요. 사랑을 많이 받았을 뿐이죠." 션은 현재 하루에 열 권 정도 책을 읽는다고 한다.

이 시점에서 다시 한 번 읽기를 배우는 일은 경쟁이 아니라 즐거운 놀이라는 사실을 기억하자. 대부분의 아이들이 집에서 읽기를 배우지 않는다. 학교에 들어가자마자 읽기를 배우기 시작하는데, 이 시기에는 탁월한 교사의 도움으로 그들이 이미 알고 있는 것이 전부 딱 들어맞게 된다. 하지만 션과 매튜, 로완처럼 많은 아이들이 학교에 들어가기 전부터 빠르고 즐겁고 쉽게 읽기를 배우기도 한다.

소리 내어 책 읽어주기는 즐거운 마음으로 해야지 교육 과정의 일환이어서는 안 된다. 교육적인 측면만 파고든다면 모든 일을 그르치고 말 것이다. 읽기를 배우는 것은 읽기의 즐거움에서 비롯되어야 한다.

생애 최초 1년의 중요성

지금까지의 논의를 통해 우리는 유대감에 관한 문제를 다시 생각하게 된다. 옥스퍼드대학에서 발표한 최신 연구 결과에 따르면, 애정이야말로 두뇌 발달에 가장 절대적인 요소라고 한다. 특히 엄마가 아이에게 화를 내거나 삶의 다른 문제로 말미암아 초조해하거나 스트레스를 받으면 아기의 두뇌에 평생에 미칠 역효과가 생긴다는 것이다. 생애 최초의 1년 동안 아기의 두뇌에 특정한 연결이 이루어지지 않으면 이 연결은 시간이 지나서도 다시 이뤄지지 않아 앞으로 사회적·물리적·교육적으로 영향을 받게 된다. 생애 최초의 1년은 거대한 기회의 창이다. 결코 이 시기를 놓쳐서는 안 된다.

부모가 아들(그리고 딸)과 유대감을 형성하고 싶다면 소리 내어 책 읽어주기가 유용한 해결책이 될 것이다. 아이에게 이야기를 들려주지 않고 소리 내어 책을 읽어주기는 거의 불가능하다. 소리 내어 책을 읽어주는 동안 노래를 불러주거나 대화를 나눌 수도 있다. 손뼉을 치며 운율을 맞추는 놀이 등 다양한 놀이를 할 수도 있다. 아이를 끌어안거나 아이의 귓가에 속삭여주고, 완벽한 작은 목덜미에 입을 맞출 수도 있다.

소리 내어 책 읽어주는 시간은 부모와 아이가 서로 사랑에 빠지는 시간이다. 아이에게 규칙적으로 책을 읽어주는 부모는 아이들을 잘 이해하고 더욱 애지중지하게 된다. 책을 읽어주는 동안 아이가 하는 행동과 말이 무척 재미있고 사랑스럽기 때문이다. 매일 10분조차 소리 내어 책을 읽어줄 시간을 낼 수 없다고 말하는 사람들을 만날 때마다 나는 숨이 막힌다. 일부러라도 시간을 만들어야 한다. 직접 해보면 안다. 소리 내어 책 읽어주기는 재미있고 신나고 정말 근사한 일이다.

책으로 유대감을 쌓는 것은 아이의 두뇌 발달에도 도움이 된다. 아기를 꼭 끌어안지 않고 책을 읽어주기란 무척 어렵다. 촉감은 오감 중에서도 학습을 위한 신경 경로를 결정하는 가장 중요한 감각으로 알려져 있다. 생애 최초의 넉 달 동안은 촉감이 매우 중요하다.

아들(그리고 딸)에게 소리 내어 책을 읽어줌으로써 아이에게 최선의 보편적인 가치를 가르칠 수 있다. 이런 가치는 아이가 유쾌하고 선량한 시민으로 자라나는 데도 도움이 된다. 말하기 능력을 촉진시키고 두뇌를 확장시키고 아이들에게 행복감을 선사하며 학교와 인생에서 성공을 거둘 수 있도록 돕는다. 하늘을 찌를 듯한 자부심을 심어주기도 한다. 특히 아이는 소리 내어 책을 읽어주는 부모의 목소리를 들으며 자신이 무척 사랑받는다는 사실을 깨닫는다.

아빠와 함께 책 읽기

만약 엄마 혼자 책 읽어주기 놀이를 도맡아서 한다면 어떨까? 우리는 현재 남자아이의 교육에 관해 우려한다. 초등학교에 여자 교사의 수가 압도적으로 많다. 남자아이에게 필요한 남성 역할 모델의 수가 현저히 부족하다. <u>엄마만 소리 내어 책을 읽어준다면 아이에게 읽기가 여성에게만 중요한 활동으로 비칠 수 있다.</u> 남녀 교사의 수적 불균형도 한몫한다. 읽기가 성별의 차이를 반영한 활동으로 간주된다면 사회는 큰 어려움에 처하게 될 것이다. (물론《해리 포터》시리즈를 열광적으로 읽는 소년들도 아주 많기는 하다!)

남자아이의 교육적 잠재력을 일깨우기 위해서는 먼저 아들에게 소리 내어 책을 읽어주는 아빠에게 초점을 맞추어야 한다. 학교에서 남자아이가 영향을 받을 만한 남성 역할 모델이 없다는 사실을 걱정하기 시작하는 때는 이미 남자아이의 인생에서 5년이나 늦다.

남자아이의 곁에는 인생의 처음 몇 시간 동안부터 사랑을 보여주는 아빠가 있어야 한다. 그 이후로도 아빠는 향후 5년간까지는 최대한 자주(적어도 취침 시간만이라도) 아들 옆에 있어주어야 한다. 이것은 부부가 함께 살든 이혼해서 따로 살든 상관없이 가능하고, 반드시 해야 하는 일이다. 아이가 2주일에 한 번만 부모를 본다고 해도 가능하다.

아빠는 아들과 뒷마당에서 축구를 하며 유대감을 형성한다는 믿음이 있다. 하지만 축구로는 아빠와 딸 사이에 유대감을 형성할 수 없다는 점과는 별도로 이 전제에 대해 몇 가지 지적할 사항이 있다.

첫째, 모든 아빠와 아들이 뒷마당에서 공을 차지는 않는다. 운동을 즐기지 않는 아빠도 있다. 아들 역시 마찬가지다.

둘째, 뒷마당에서 공을 차는 것은 거의 말을 하지 않거나 아무 말을 하지 않고도 할 수 있다. 몸에 좋고 재미있는 육체 활동이지만 부모와 아이 사이의 의사소통을 원활하게 하는 데는 적합하지 않다.

공을 차고 노는 것은 희망과 두려움, 고통과 성공 같은 문제에 대해 논하지 않고도 할 수 있다. 아이의 머리와 가슴으로 다가가는 창을 열지 못한다. 하지만 소리 내어 책을 읽어주면 아이의 머리와 가슴이 활짝 열린다.

우리 부부가 자주 가는 식당의 웨이터인 프랭크에게서 안

타까운 사연을 들었다. 그를 알게 된 지 몇 달 후 프랭크는 자신에게 어린 자녀가 셋 있다고 밝혔다. 프랭크에게 어린 자녀들이 있었다고? 내가 몰랐다니! 《하루 10분 책 육아》의 초보자 시리즈, 《잘 자라, 우리 아가》, 《초록 양은 어디 갔을까?Where is the Green Sheep?》를 주지 않은 부모가 내 옆에 있었단 말이야? 맙소사!

"프랭크! 어째서 제가 자녀분들에게 사인한 책을 선물하지 않았을까요? 정말 끔찍해요." 나는 짐짓 놀란 척하며 외쳤다.

프랭크는 웃으며 괜찮다고 했다. 그러면서 집에 책이 400권이나 있고, 그 책들을 소리 내어 읽어준다고 덧붙였다.

"제 책 가운데 어떤 책을 갖고 계시죠? 집에 없는 책이 있으면 드릴게요."

"아내에게 물어볼게요. 아내가 아이들에게 책을 읽어주거든요."

그러니까 프랭크는 아이들에게 책을 읽어주지 않았다. 대체 왜 엄마들만 아이들과 유대감을 형성하는 독점권을 가질까? 아이는 엄마와 아빠 모두에게 사랑받고 소중히 여겨지기를 간절히 원한다. 프랭크는 아빠가 아이들에게 소리 내어 책을 읽어주고, 대화하고, 함께 웃고, 유대감을 쌓으며 아이들의 행복한 성장을 열렬히 환영하는 데 더 많은 시간을 보낸다면 아이들이 얼마나 좋아할지 미처 모르고 있었다.

나는 싱글 맘이 아닌 이상 엄마만 온 경우는 《하루 10분 책 육아》에 사인해주기를 거절하는 편이다. 먼발치에서라도 아빠가 보이면 아빠에게 사인을 해주겠다고 고집을 부린다. 소리 내어 책 읽어주기 세계에서 아빠는 엄마와 똑같은 존재가 아니라 훨씬 더 중요한 존재다. 아빠 역시 자녀와 유대 관계를 형성해야 하는데 아내나 짝꿍처럼 아이와 자주 만나거나 소통하지 못할 때가 많기 때문이다.

내 동료인 맥도날드는 만 여덟 살이 되어서도 책을 읽지 못하는 남자아이 때문에 걱정하는 엄마에게 엄마 대신 아빠가 밤마다 아들에게 책을 읽어주라고 권했다. 이 엄마는 남편이 주말에는 아들과 운동을 같이하지만 평일에는 퇴근이 늦어 책을 읽어줄 시간이 없다고 말했다.

맥도날드의 주장은 이렇다. 아빠가 일주일에 한두 번, 혹은 주말마다 아들에게 책을 읽어줌으로써 남자 역시 책 읽기를 즐긴다는 사실을 보여주면 남자아이의 책 읽기 학습에 매우 중요한 영향을 끼칠 수 있다는 것이다.

한 달 뒤 이 사연의 엄마가 맥도날드를 찾아와 그의 제안 덕분에 집안 분위기가 바뀌었다고 말했다. 아빠가 아들과 함께 보내는 시간을 좋아하게 되어 이제는 일찍 퇴근해 매일 밤 아들에게 책을 읽어준다고 했다. 그리고 어느 날 밤 갑자기 아들이 부모 앞에서 신문에 실린 축구 기사의 머리기사를 읽었다고 한다.

나 역시 비슷한 경험을 한 적이 있다. 2005년 사인회 때 사람들의 행렬이 끝없이 이어졌다. 나는 사람들과 너무 오래 잡담을 해 대기 시간이 길어지지 않도록 신경 썼다. 그때 한 여성이 다가와 "《하루 10분 책 육아》가 제 삶을 바꿔놓았어요"라고 말했다. 내 심장이 곤두박질쳤다. 그 상황에서 이 여성의 이야기를 들을 시간이 있었을까? 하지만 나는 그녀와 이야기 나눌 시간을 마련했다.

그녀의 아들은 만 아홉 살이 되어서도 책을 읽지 못했다. 책을 읽지 못하자 아들은 무척 슬퍼했고 부모 역시 당혹스러웠다고 한다. 아들은 학교에서 특수 학급으로 옮겨지기 일보

직전이었다. 그러던 어느 날 그녀는 《하루 10분 책 육아》를 읽고 책 속의 제안이 자신의 기도에 대한 응답일지 모른다고 생각했다. 다행히 아들이 아빠를 숭배하다시피 했기 때문에 아빠가 책을 읽어주면 효과가 더 클 거라고 믿었다.

그녀가 남편에게 《하루 10분 책 육아》를 읽으라고 설득하는 데만도 열 달이 걸렸다. 하지만 남편은 일단 시작하자 누구보다도 열성적이었다. 아들의 읽기 실력은 놀랄 정도로 발전해 만 열한 살 반이 되자 책에서 눈을 떼지 않게 되었다.

"하지만 가장 놀라운 점은요." 그녀가 갑자기 눈물을 흘리기 시작했다. "가장 놀랍고도 전혀 예상하지 못했던 일은 남편과 아들의 사이가 정말 좋아졌다는 거예요. 전에는 그렇지 않았거든요." 그때부터 나도 함께 울었다!

이 여성의 일화는 내 홈페이지에 실린 수 힐 박사의 다음과 같은 메시지를 더욱 명확하게 증명한다.

《하루 10분 책 육아》는 우리 집에 큰 변화를 가져왔어요. 아이와 나는 날마다(하루에 적어도 두 번은) 자리에 앉아 매번 여러 권의 책을 함께 즐겁게 읽는답니다. 그동안은 소리 내어 책 읽어주기가 얼마나 즐거운 일인지 몰랐어요. 하지만 이제는 부담이 되기는커녕 손꼽아 기다리는 즐거운 시간이 되었죠. 그런데 말이죠! 두 번째 시간 후에 세 살 된 아들이 제게 폴 제닝스Paul Jennings의 《장난꾸러기 용Rascal the Dragon》을 읽어준 거 있죠! 아들은 그 책을 정말 좋아해요. 글자 하나하나를 다 읽지는 못하지만 자기 식대로 책 속의 이야기를 다시 들려주는 것도 좋아한답니다.

고마워요. 고맙습니다. 정말로요. 읽기를 이렇게 즐거운 경험으로 만들어주셔서 정말 고맙게 생각해요. 지금은 남편에게도 이 즐거움에 동참하라고 권하고 있어요.

2004년 마크 래텀Mark Latham은 오스트레일리아 전역에 걸쳐 소리 내어 읽어주기의 놀라운 장점에 대한 인식을 높이는 데 성공했다. 하지만 그도 태어난 지 4개월 된 아들 올리버에게 처음 책을 읽어주기 시작할 때는 바보가 된 느낌이었다고 솔직하게 털어놓았다.

기자: 슈퍼맨, 성공의 비결이 뭔가요?

슈퍼맨: 아기 때부터 책을 읽어주면 됩니다.

아직은 더 기다려야 하고, 아이가 만 서너 살이 될 때까지 늦추어야 한다고 생각하는 부모들에게 말한다. 아이가 태어난 처음 열 달 동안은 아기를 안고 책에 익숙해지게 하려는 노력이 어리석게 느껴질지 모른다. 아이가 책을 붙잡아 먹으려고 하거나 씹고 찢으려 할 때도 있을 것이다. 하지만 참고 견디기 바란다. 충분히 그럴 만한 가치가 있기 때문이다. 당연히 가치가 있고말고!

나는 최근에 내셔널 오스트레일리아 은행에서 후원하는 행사에 참여해 소리 내어 책 읽어주기에 관한 연설을 했다. 행사가 시작되기 전 칵테일파티에서 나는 수수하게 차려 입은 30대 후반의 두 은행 지점장과 동석하게 되었다. 나는 두 사람 모두 어린 아들의 아빠일 것이라고 확신했다.

"아이들에게 소리 내어 책을 읽어주시겠지요? 그렇지 않나요? 아니면 가만있지 않겠어요!" 내가 두 사람에게 말을 걸었다.

"지당한 말씀이라 그렇게 하고 있습니다. 《도날드슨 목장의 털복숭이 맥클레리Hairy McClary from Donaldson's Dariy》를 읽어주었요." 첫 번째 사람이 말했다.

그러자 두 번째 남자가 린리 도드Lynely Dodd의 뛰어난 책을 인용하여 말했다.

"도날드슨 목장의 털복숭이 맥클레리에게는 말처럼 큰 친구 헤라클레스 모세가 있었어요."

그러자 첫 번째 남자가 이어받았다.

"제일 끝에 있는 친구 포츠는 얼룩 투성이랍니다. 도날드슨 목장의 털복숭이 맥클레리에게는 말처럼 큰 친구 헤라클레스 모세가……."

놀랍게도 검은 정장과 넥타이를 갖춰 입은 두 사람은 즉석에서 책 전체를 낭송했다. 매우 우스꽝스러운 광경이었지만 두 사람이 다른 누구도 아닌 그들의 운 좋은 아들에게 되풀이해서 이 놀라운 책을 읽어주었다는 점만큼은 명백하게 입증되었다.

은행 지점장, 정치가, 기업가, 군인을 비롯하여 근무 시간 때문에 원하는 만큼 아이들과 시간을 보내기 힘들다면 아이가 가장 좋아하는 책을 골라 직장에 가져가서 퇴근이 늦어지거나 아이가 잠자기 전에 돌아올 수 없는 날 전화를 걸어 수화기 너머로 아이에게 책을 읽어줄 수도 있다. 해외를 돌아다녀야 하는 운동선수처럼 오랜 시간 아이와 떨어져 지내야 하는 부모들은 소리 내어 책 읽는 모습을 영상으로 촬영해 아이들이 밤마다 그 모습을 보게 하여 관계가 끊기지 않게 할 수 있다.

지금쯤이면 여러분 모두 내가 소리 내어 책 읽기로 사소한 티눈에서 거대한 지구 온난화에 이르기까지 세상의 모든 문제를 해결할 수 있다고 생각하고 있음을 알게 되었으리라. 내 말을 한 귀로 듣고 한 귀로 흘리지 말기 바란다. 가장 가까이 있는 사랑하는 아이를 찾아가 직접 확인해보면 내 말을 믿게 될 테니.

17

손자 테오에게 배운 것들

1킬로그램의 미숙아 테오

2010년 내 인생의 가장 중요한 스승이 태어났다. 체중은 1킬로그램이었다. 작고 가느다란 팔이 꼭 내 가운뎃손가락만 했다. '과연 이 아이가 살아남을 수 있을까' 의문이 들 정도였다. 아이가 앞으로 무럭무럭 튼튼하게 자랄 수 있을까? 우리는 아이가 건강하게 자라기를 간절히 기도했다. 이 아이는 우리 부부의 유일한 손자인 테오다.

태어난 지 첫 2년간 낮 동안 우리 부부가 테오를 돌봐주었기 때문에 테오와 함께 책을 읽고 대화할 시간이 많았다. 보상은 여러 측면에서 찾아왔다. 막 두 돌을 맞기 전 어느 날 테오가 잔뜩 흥분해서 말했다. "벌레가 있네. 벽을 기어오르고 있어. 정말 연약해 보인다. 만지면 안 돼!"

테오는 한낮에 하늘 높이 떠 있는 달을 보았을 때처럼 감탄했다. "반달이다. 진짜진짜 반달이잖아." 테오가 달을 보고 말했다.

두 돌이 되던 날, 테오를 예뻐하는 이웃 어른이 집에 놀러 와 테오에게 선물을 주었다. 테오는 내 무릎에 얼굴을 파묻고 있을 뿐 고맙다는 인사를 하지 않았다. 부끄러운 모양이었다. 하지만 손님이 나가고 문이 완전히 닫히자마자 테오가 외쳤다. "고마워요, 나다!" 그런 다음 테오는 나를 보면서 말했다. "나다는 참 친절해."

테오는 외할머니인 내가 소리 내어 책을 읽어주는 데 들인 시간으로 볼 때 누구라도 행동하고 말할 것이라고 기대하는 그대로 행동하고 말한다. 하지만 나는 눈앞에서 《하루 10분 책 육아》의 기적이 실제로 펼쳐지는 광경을 확인할 때마다 끊임없이 놀란다. 말 그대로 기적 같기 때문이다. 나는 책과 나를 향한 테오의 사랑, 테오를 향한 내 사랑에서 뿜어져 나오는 예상 밖의 짜릿한 효과를 경험하며 감탄한다. (이쯤에서 집

안의 다른 가족들도 언급해야겠다. 그들도 테오에게 책을 읽어주기 때문이다. 가족 간에 흐르는 사랑은 모두 공평하다. 하지만 이 자리에서만큼은 외할머니라는 새로운 역할이 주어진 나 자신의 경험만을 다루도록 하겠다).

테오는 소리 내어 읽어주기를 향한 내 열정에 다시 불을 지폈고 언어 학습과 읽고 쓰는 능력에 관한 내 이해의 상당 부분을 확인해주었다. 그러므로 내가 최근에 경험한 기적을 사람들과 나누지 않을 수 없었다. 《하루 10분 책 육아》에 들어 있는 기존의 내용을 집필하며 자신만만했던 예전에 나는 읽고 쓰는 능력에 관한 모든 것을 완벽하게 섭렵했다고 생각했다. 하지만 내가 배워야 할 것이 더 있었다. 특히 한 가지만큼은.

태어날 때 너무 작았던 테오는 두 달 반 동안 병원에 있어야 했다. 두뇌 발달을 위해 무엇을 해야 하는지 알고 있던 나는 테오가 보통 자궁 내에서 들어야 할 언어의 모든 소리를 듣지 못해 두뇌가 올바르게 발달하지 못할까 봐 불안했다. 그래서 테오가 태어난 다음날부터 날마다 책을 읽어주었다. 북적거리는 신생아 병동에서 주의를 끌지 않기 위해 내 책 《네가 누구든 간에 Whoever You Are》 보드북의 가장 작은 버전을 골랐다.

경쾌한 문체로 인간성의 문제를 다룬 간결한 책이기 때문이기도 했다.[†]

나는 테오의 인큐베이터에 달린 작고 둥근 창 가운데 하나를 열고 몸을 웅크리고 가까이 앉아 매번 똑같이 경쾌하고 신나는 목소리로 책을 읽어주었다. 테오를 안심시키고 내가 옆에 있다는 걸 알려주며 아이의 두뇌가 올바른 방식으로 반응하도록 하기 위해서였다. 더불어 책이 얼마나 멋진 것인지 가르쳐주고, 무엇보다도 테오와 내가 서로를 사랑한다는 사실을 확실히 느끼게 하기 위해서였다.

주변 사람들은 내가 제정신이 아니라고 생각하는 것 같았다. 전혀 못 알아들을 갓 태어난 자그마한 신생아에게 책을 읽어주다니! 하지만 나는 오히려 애초에 단어 읽어주는 소리를 듣지 않으면 아이가 어떻게 단어를 이해하겠느냐고 외치고 싶다. 아이가 만 두세 살이 된 후에야 책 읽어주기를 시작해도 된다고 생각하는 모든 부모, 조부모, 도우미에게 끊임없이 외치고 싶은 말이기도 하다. 그렇지 않다. 태어난 순간이야말로

[†] 만 0~2세의 유아를 위해 딱딱한 재질의 판지를 압축하여 여러 겹 겹쳐서 두껍게 만든 독특한 형태의 책.

책 읽어주기를 시작하기에 가장 좋은 때다.

나는 최대한 부드러운 목소리로 테오에게 날마다 같은 노래를 불러주었다. 《열 개의 작은 손가락과 발가락Ten Little Fingers and Ten Little Toes》에 나온 단어로 직접 만든 노래였다(유튜브에서 확인할 수 있다). 나는 음악적인 형태로 이 단어 다음에 저 단어가 나올 거라고 예측할 줄 아는 능력이 얼마나 우리를 안심시키는지 알고 있다. 읽기를 배우는 데 리듬에 대한 감각이 중요하다는 것도 잘 안다. 난독증이 있는 사람들은 대부분 리듬에 대한 감각이 떨어지거나 거의 없다. 하지만 내가 노래를 불러준 가장 큰 이유는 테오를 사랑했기 때문이다.

어느 날 테오의 담당 의사 선생님이 인큐베이터 앞에 있는 내 옆에 서서 다른 사람들도 나처럼 해주었으면 좋겠다고 말했다. 내가 하는 일의 효과가 평생 지속되어 아이의 삶을 바꿀 수 있다는 이유에서였다.

"아이가 잘 자라는 데 도움이 될 거예요. 한 번 지켜보세요." 의사 선생님이 말했다.

아이는 우리가 믿는 만큼 성장한다

과연 2년이 지나자 인큐베이터에 있던 작은 아기는 크고 건강하고 무척이나 수다스러워졌다!

나는 아이들이 우리가 기대하는 만큼 성장한다고 믿는다. 그런데 문제는 우리 중 아무도 테오가 운동장에서 대담무쌍하게 뛰어 놀기를 기대한 사람이 없었다는 점이다. 그래서 테오는 운동장에서 대담하게 뛰어놀지 못한다. 우리는 테오가 유치원 체육관에서 신체적인 위험을 무릅쓰기를 기대하지 않았다. 그래서 테오는 정말 위험을 무릅쓰지 못한다. 우리는 아이가 혼자서 밥을 잘 먹기를 기대하지 않았다. 그래서 테오는 혼자서 밥을 잘 먹지 못한다. 우리는 테오가 나이에 걸맞게 공을 차거나 평균대를 가로지르거나 트램펄린에서 뛰어 오르기를 기대하지 않았다. 그래서 테오는 이중 어느 것도 하지 못한다. 나는 테오보다 훨씬 나이가 어린 아이들이 이런 활동을 능숙하게 소화하는 것을 보면서 감탄과 놀라움, 심지어는 질투심도 약간 느끼곤 했다.

최근에 나는 고작 기어 다니는 수준인 한 여자아이가 동네 놀이터에서 긴 미끄럼대의 계단을 올라가는 것을 보았다.

어느 날 테오의 담당 의사 선생님이 인큐베이터 앞에 있는 내 옆에 서서 다른 사람들도 나처럼 해주었으면 좋겠다고 말했다. 내가 하는 일의 효과가 평생 지속되어 아이의 삶을 바꿀 수 있다는 이유에서였다.

여자아이는 땅에서 몇 미터 정도 높이 있는 작은 단 위를 돌아다니다가 혼자서 커다란 미끄럼틀을 타고 내려왔다. 나에게는 눈앞이 아찔해지는 순간이었지만 아이의 젊은 부모는 태연하게 옆에 서 있을 뿐 위험한 상황이나 아이의 경이로운 성취를 거의 알아차리지 못했다. 이 부모들은 이를테면 아이가 산에 올랐다가 무사히 내려오길 기대하고 있었다. 그리고 여자아이는 그렇게 했다.

그 아이보다 곱절은 나이가 많은 테오는 아래에 있는 나무 조각 위를 만족스럽다는 듯이 기어 다닐 뿐이었다. 테오의 육체적 활동과 협응력에 관한 우리 가족의 기대 수준은 낮았다. 테오가 간신히 헤쳐 나가 어떻게든 잘 되길 바랄 뿐이었다.

하지만 아이의 읽고 쓰는 능력에 대한 기대만큼은 절대 낮추지 말아야 한다. 읽고 쓰는 능력을 배우는 것은 모두 적절한 시기에 일어나게 마련인 걷고 달리고 공을 차고 제대로 먹기를 배우는 것과는 다르다. 읽고 쓰는 능력은 적절한 시기에 저절로 생기는 능력이 아니다. 옆에서 도와주어야 한다. 대수롭지 않게 생각하면 안 된다. 아이가 읽고 쓰는 능력을 갖추려면 주위의 많은 도움이 필요하다.

읽기를 배우는 데 실패하는 아이들은 다른 여러 측면에서도 번번이 실패한다. 학교에서 무시당하고, 자존감이 낮아지고, 직장을 구하기도 어렵다. 사람들과 대화하는 데 불안을 느끼고 우울증을 겪으며 자신을 제대로 표현하지 못한다.

읽고 쓰는 능력은 아이가 학교에 들어가면서부터가 아니라 태어나면서부터 배우기 시작해야 한다. 아이의 읽고 쓰는 능력의 계발에는 세상에서 우리의 역할이 대단히 중요하다. 하지만 거듭 강조하지만 부모가 아이에게 읽는 법을 가르쳐서는 안 된다. 가르치는 것은 학교에서 이루어져야 한다. 가르쳐야 한다고 생각하면 우리는 긴장하고 불안을 느껴 아이에게 이로운 영향보다는 해로운 영향을 끼치기 쉽다.

테오가 가장 좋아하는 책 가운데 한 권은(이 문장을 입력하는 지금 테오는 만 두 살 하고 3주가 되었다) 낡게 빛이 바래고 지금은 절판된 코끼리에 관한 책이다. 오래전 테오의 엄마 클로에가 가장 좋아한 책이기도 하다. 흥미로운 정보가 담겨 있고, 문체가 간결한데다 페이지 당 단어 수가 적고 그림이 많은 책이다. 책에 이런 문장이 나온다.

"무리의 우두머리는 무척 늙었다. 젊은 코끼리가 우두머리와 싸운다. 이제 젊은 코끼리가 우두머리가 되었다. 늙은 코끼리는 사라진다."

이 장면에서는 슬픈 그림이 나와 테오는 볼 때마다 우울해하면서도 그 페이지를 계속 다시 읽어달라고 한다. 테오는 이 장면에서 공감 능력을 배운다. 코끼리에 대해 많은 것을 배우고, 세상이 굴러가는 방식을 배우며, 책이 감동적이라는 사실을 배우고, 언어를 배운다. 그리고 무슨 일이 생기더라도 자신은 내 옆에서 안전하다는 사실을 배운다. 나는 구태여 테오에게 이런 것들을 가르치려 하지 않는다. 테오는 책에서 배운다.

나 역시 테오에게 책 읽는 법을 가르칠 수도 있다. 책의 뒷면에는 책에 나오는 단어 목록과 각 단어에 해당하는 그림이 실려 있다. 원한다면 얼마든지 책에 수록된 목록을 훑어보고 각 단어를 어떻게 발음하는지 가르쳐준 다음 따라 읽으라고 할 수도 있다.

하지만 내가 왜 그러고 싶겠는가? 그런 가르침에서 애정이 깃든 분위기를 찾아볼 수 있는가? 내 무릎 위에 테오를 앉히고 끌어안는 행동은? 책에 실린 단어 목록으로 아이에게 세상이 살기 힘든 곳이라고 다정하게 일깨워줄 수 있는가? 단어 목록에서 아이들이 연거푸 책으로 돌아오게 할 수 있는 연결 고리를 찾을 수 있는가? 테오 나이의 아이에게 형식적인 가르침이란 읽고 쓰는 능력이라는 황금알을 낳은 거위를 죽이는 것이나 다름없다.

나는 그렇게 하지 않을 것이다. 이것이 내가 다시 배우게 된 중요한 교훈이다. 소리 내어 읽어주기에서 가장 중요한 것은 사랑이다. 소리 내어 책 읽어주기는 훌륭한 책을 함께 읽는 동안 우리가 아이를 너무 사랑한 나머지 숨이 막힐 정도로 꽉 끌어안는 것이다. 사랑스러운 책을 함께 읽는 동안 아이가 책을 읽어주는 사람을 좋아하고 그 사람과 함께 있기를 바라는 것이다. 가장 좋아하는 오래된 책이나 새 책을 한없이 소리 내어 읽으며 언어와 읽고 쓰는 능력을 창조하는 유대감을 빚어내는 좋은 책 그 자체다. 이 모든 것은 즐거운 행위이지 의무가 아니다. 그러니 가르침일랑 접어두기로 하자.

나는 여전히 책으로 하는 놀이를 즐긴다. 문장이 끝나기 전에 멈추어 테오가 마지막 단어를 채우게 한다. 테오가 높은 의자에 앉아 목청껏 동요를 부르는 동안 나는 드럼 소리를 내며 리듬을 맞춘다.

익숙한 책을 펼친 다음 잠시 멈추어 테오가 원한다면 혼자서 책 읽기를 시작하게 한다. 가끔은 테오가 이야기의 많은 부분을 혼자 읽어 내 심장이 쿵쾅거릴 때도 있다. 테오가 내용을 전부 이해하는 걸까? 아마 그렇지 않을 것이다. 하지만 테오가 나를 즐겁게 하는 소리에 귀를 기울이는 것만으로도 충분히 황홀하다. 이 과정에서 테오는 나를, 나는 테오를 아끼는 마음이 샘솟는다. 우리 두 사람이 소리 내어 책 읽기를 하는 시간은 조직적인 학습을 하는 진지한 순간이 아니라 요란스럽게 상호작용을 나누는 즐거운 시간이다.

앞에서 나는 아이들이 활자에 익숙해지는 것보다 학교에 입학하기 전에 언어를 배우고 명확하게 말할 수 있게 하는 것이 중요하다는 점을 강조했다. 활자를 익히는 것도 중요하지만 이야기할 줄 모르고, 어휘 실력이 부족하며, 동요 하나도 모르는 아이는 읽기를 배우는 데 어려움을 겪는다. 문장을 설명하는 문법을 거의 이해하지 못하고 알고 있는 단어도 거의 없다면 아이는 다음에 어떤 단어가 나올지 제대로 예측하지 못한다.

교사는 아이들이 먼저 말하게 시킨다. 그러면서 학교에서의 소중한 첫 1년 동안 가르치는 시간을 얼마나 갉아먹고 있는지! 부모가 조금 도와줄 수는 있겠지만 아이를 가르쳐야 할 사람은 교사다.

내 친구 중 한 명은 학교를 은퇴한 심리학자다. 실력이 뛰어나서 여전히 프리랜서로 활동한다. 친구는 주로 말을 하지 못하는 만 네 살짜리 아이와 그 가족을 도와주는 일을 한다. 나는 무지한 탓에 이런 아이들은 모두 사회적으로 혜택을 받지 못한 가정에서 자랐을 거라고 생각했다. 하지만 끔찍하게도 만 네 살 때까지 말할 줄 모르는 아이들의 문제는 사회의 모든 계층에 두루 퍼져 있었다.

이런 문제가 생긴 원인을 묻자 친구는 점점 늘어나는 이 특수한 아이들은 소리 내어 책 읽어주는 것을 들은 경험이 없고, 어른들과 평범하면서도 진솔한 대화를 거의 나눈 적이 없다고 말했다.

한 가지 또는 여러 형태의 기술이 점점 더 아이를 돌보는 역할을 떠맡고 있다. 그러나 텔레비전과 스마트폰, 아이패드는 아이에게 대답할 기회를 주지 않는다. 일방적인 소통만 이루어진다. 아이가 대화하는 법을 배우고 읽는 법을 배우려면 쌍방향으로 이루어지는 풍부한 대화의 경험이 많이 쌓여야 한다.

그렇다면 이 문제를 어떻게 해결할 수 있을까? 소리 내어 책을 읽어주면 된다. 달리 방법이 있겠는가? 우리 주변에 일어나는 모든 종류의 문제에 관해 대화하는 것은 재미있고 또 반드시 필요한 일이다.

아이와 함께 읽는 책에 대해서도 많은 대화를 나누어야 한다. 아이는 어른들보다 그림에 나타난 세부 사항을 쉽게 알아차린다. 삽화를 세세히 보고 상황을 천천히 받아들인다. 그리고 자기가 본 다양한 것들을 이야기한다.

이런 때야말로 늙은 코끼리는 매우 지쳐 휴식이 필요하기 때문에 행복하게 물러나겠다고 설명할 수 있는 절호의 기회다. 무리를 이끄는 것은 어려운 일이며, 늙은 코끼리는 지금까지 무척 애써왔다고 말이다. (우리는 절대 테오에게 상황을 간략하게 설명하지 않는다. 개는 항상 개지 절대로 멍멍이가 아니다. 우리는 코끼리에 관한 모든 것을 평범한 어른의 언어로 설명해준다.) 테오는 우리가 들려준 설명의 일부를 되풀이하며 스스로를 안심시킨다.

"코끼리가 지쳤구나. 아주 많이많이 지친 거야."

"그래, 우리 아가, 너무 지쳤어."

테오는 동물원의 아기 동물을 다룬 책도 갖고 있다. 이 책의 그림들은 마음이 녹아내리게 한다. 나는 페이지를 넘길 때마다 "아, 귀여워. 정말 귀엽기도 하지"라고 말하곤 했다. 어느 날 테오와 나는 슈퍼마켓에 들렀다가 갓난아기를 보았다. 내가 아기를 가리키자 테오 역시 아기를 바라보며 이렇게 말하는 게 아닌가. "아, 귀여워. 정말 귀엽기도 하지."

아기 엄마는 눈이 휘둥그레져서는 테오가 몇 살이냐고 물었다. 테오는 당시 16개월이었다. 소리 내어 읽어주기의 힘은 이 정도로 놀랍다. 아름다운 책들 덕분에 테오는 오리를 알아보는 것만큼이나 쉽게 땅돼지를 알아본다. 가르침이라고는 전혀 없이 그저 풍성한 사랑과 감정, 읽기만으로 거둔 성과다.

책 속의 언어를 체험하는 것의 중요성은 아무리 강조해도 지나치지 않다. 책 속의 언어는 아이들, 그리고 어른들에게 자신의 욕구와 걱정거리, 의문을 표현하는 데 필요한 미묘하게 느낌이 다른 언어를 제공한다. 아이에게 신나는 경험을 제공하고, 인생관에 관한 구체적인 견해를 뒷받침해준다. 물론 이번 장의 핵심 주제이기도 하듯이, 아이가 읽기로 향한 여정을 펼쳐나가며 맞이할 미래에도 대단히 중요한 역할을 한다.

테오가 삶에 직접 적용한 책 속의 언어에 관한 사례를 몇 가지 더 소개하겠다. 이 사례를 고른 이유는 근사한 책과 이야기의 놀라운 도움이 없었더라면 만 두 살도 되지 않은 아이가 절대로 사용할 수 없는 단어를 사용한다는 점을 명확하게 보여주기 때문이다.

우리는 가끔 식당 테이블 한쪽 끝에 시트를 펼쳐놓고 테오에게 집을 만들게 한다. 그러면 테오는 온갖 종류의 물건을 끌어다 그 안에 집어넣는다. 한 번은 내가 "네 집 참 멋지구나, 테오!"라고 말하자 테오가 대꾸했다. "굉장히 근사한 저택이야."

진부한 표현을 쓰자면, 나는 그야말로 뒤로 나자빠질 뻔했다. 하지만 실은 이렇게까지 놀랄 일은 아니다. 당시 테오가 가장 좋아해서 우리가 계속 되풀이해서 읽던 책이 집을 옮기는 이야기였는데 책 속에 등장하는 아이 한 명이 빈 상자로 커다란 집을 만들면서 "굉장히 근사한 저택이야"라고 말했던 것이다.

또 어느 날은 테오가 나무로 만든 병사들을 갖고 놀다가 말했다. "좌, 우, 좌, 우, 쉬어!" 나는 《하루 10분 책 육아》의 저자임에도 불구하고 다시 한 번 어안이 벙벙해지고 말았다. 그때 테오는 겨우 18개월이었다. 병사들이 차에 오르는 내용을 다룬 책을 테오가 반복적으로 읽었다는 사실을 감안하면 그럴 필요도 없었을 텐데 말이다. "딸가닥 딸각, 딸가닥 딸각." 그런 다음 원사가 말한다. "좌, 우, 좌, 우, 쉬어!"

테오가 만 두 살이 되기 몇 주 전 크리스마스에 남편은 테오에게 욕조에서 갖고 노는, 푸른 천으로 된 돛이 달린 작은 나무 보트를 선물했다. 그날 밤 물속에서 마구 첨벙거리다가 요트가 한 쪽으로 넘어가자 테오가 외쳤다. "와서 도와줘!"

남편은 테오가 천재라고 말했다. 하지만 테오는 천재가 아니다. "와서 도와줘!"는 내 책 《특별한 소 A Particular Cow》에서 테리 덴튼의 재기발랄한 삽화가 실린 장면에 나온다. 이 책 역시 당시 테오가 매우 좋아해 수없이 되풀이해서 읽어주던 책이었다.

테오에게는 필요한 상황에서 쓸 수 있는 말이 있다. 테오에게 필요한 책이 있기 때문이다. 지극히 간단한 논리다. 유쾌하기까지 하다. 나는 테오가 학교에 들어가면 즐겁고 신나게 읽기를 배울 거라는 생각에 절로 마음이 놓인다.

나는 이번 장에서 눈앞에 기적이 펼쳐지는 순간에 대한 놀라움을 여러 번 표현했다. 하지만 나의 이런 놀라움은 잘못된 것이다. 미끄럼틀을 타고 내려가면서도 전혀 다치지 않았던 여자아이를 떠올려보자. 아이의 부모는 딸이 무사히 미끄럼틀을 타고 내려오길 기대했고, 아이는 실제로 그렇게 했다.

책을 향한 테오의 애정과 테오가 말하는 방식에서 내가 배운 큰 교훈은 우리가 그렇게 되기를 기대했다는 점이다. 내가 놀란 이유는 실제로 나타난 성과가 우리의 기대를 초월했다는 데 있다. 어쩌면 우리는 기대치를 높이고, 우리가 기대한 것보다 아이가 더 놀라운 성과를 거두었을 때 당연하게 받아들이는 법을 배워야 할지 모르겠다.

남자아이들이 책을 완전히 사랑하기를 기대해보자. 실제로 남자아이들은 책을 사랑하기 때문이다. 남자아이들은 책을 무척 좋아한다. 여자아이들도 마찬가지다.

제4부 책을 읽어주는 환경

5개월 된 아기가 보드 북의 딱딱한 페이지를 넘기기를 기대해보자. 아기들은 책을 넘길 수 있기 때문이다. 또 실제로 그렇게 한다.

12개월 된 아기가 40분 동안 가만히 앉아 이야기에 귀 기울이기를 기대해보자. 아기들은 그렇게 할 수 있으며, 책이 매혹적이고 읽어주는 사람이 잘 읽기만 한다면 실제로 그렇게 한다. 일곱 번이나 같은 책에 귀 기울일 수도 있다.

6개월 된 아기가 책을 거꾸로 들었는지 아니면 제대로 들었는지 알 수 있기를 기대해보자. 아기들은 그렇게 할 수 있기 때문이다. 6개월이 되면 알 수 있다.

16개월 된 아기가 공룡에 푹 빠져 공룡을 알아보고 트리케라톱스라고 말할 수 있다고 기대해보자. 관심만 있다면 아기는 아주 긴 단어도 말할 수 있기 때문이다.

12개월 된 아기가 운동 신경이 발달해《스팟이 어디로 갔을까?》같은 책을 덮개를 찢지 않고도 들어 올릴 수 있다고 기대해보자. 아이들은 그렇게 할 수 있기 때문이다.

만 한 살 된 아기가 (일찌감치 기술이 늘어감에 따라 한두 페이지 이상을 잡아 뜯지 않고) 그림책의 페이지를 넘길 수 있다고 기대해보자. '좋은 책'을 서재의 높은 선반에 놔두는 것은 책을 향한 애정이나 읽고 쓰는 능력에 전혀 도움이 되지 않는다.

내가 거듭 되풀이하여 강조하는 충고는 어린아이들을 형식적으로 가르치려 해서는 안 된다는 점이다. 우리가 해야 하는 것은 그런 일이 아니다. 가르치려 드는 것은 애초부터 사랑을 말려 죽이는 행위다. 선의에서 아주 어린 아이를 이른바 값비싼 조기 학습 센터에 보내려는 부모들이 있다. 하지만 조기 교육 센터에서는 좋은 성과를 거둘 수 있는 일대일 방식이 아니라 교사 한 명이 다수의 아이들을 상대하여 가르친다.

최고의 조기 학습 센터는 바로 여기, 우리의 집이다. 우리가 해야 할 일은 아이와 더 많이 이야기하고 더 많이 읽어주고 더 많이 노래를 불러주고, 무엇보다도 기대치를 높이고 아이가 잘해내길 기대하는 것이다.

특히 우리 자신이 영원토록 책을 읽어주고 대화를 나누면서 아이 옆에 있어주고 싶을 만큼 충분히 아이를 사랑하기를 기대해보자. 우리가 만족하고 아이가 행복해하며 안전하게 보호받는다는 느낌을 받을 수 있도록, 앞으로 평생 동안 우리 아이가 읽기 문제로 고통 받지 않고 읽고 쓰는 능력을 무사히 배울 수 있도록 말이다.

아이에게 읽어주기에
좋은 책

멤 폭스 추천 어린이들이 사랑하는 책들 21
어린이도서연구회 연령별 우리작가 추천 도서

멤 폭스 추천
어린이들이 사랑하는 책들 21

이 목록에서 어떤 책을 삭제해야 하는지에 대한 토론은 어쩌면 평생토록 계속될지 모른다. 여기 실리지 않는 책 중에서도 놀라운 책들은 수없이 많다. 아래 목록은 아이들에게 처음 소리 내어 책을 읽어주고 싶지만 직접 책을 고르기 힘들 때 절대 실패하지 않을 만한 안전한 추천서들이다.

● **국내 출간 도서**

《갈색 곰아, 갈색 곰아, 무엇을 보고 있니?Brown Bear, Brown Bear, What Do You See?》 빌 마틴 주니어 글 | 에릭 칼 그림 | 더큰

《우리 엄마 맞아?Are You My Mother?》 필립 디 이스트먼 글, 그림 | 보물창고

《괴물들이 사는 나라Where the Wild Things Are》
모리스 샌닥 글, 그림 | 시공주니어

《스팟이 어디에 숨었나요?Where's Spot?》 에릭 힐 글, 그림 | 한국프뢰벨

《배고픈 애벌레The Very Hungry Caterpillar》 에릭 칼 글, 그림 | 더큰

《씩씩한 마들린느Madeline》 루드비히 베멀먼즈 글, 그림 | 시공주니어

《누구 때문일까?Who Sank the Boat?》 파멜라 앨런 글, 그림 | 풀빛

《친구를 보내 주세요!Dear Zoo》 로드 캠벨 글, 그림 | 문학동네어린이

《곰 사냥을 떠나자We're Going On a Bear Hunt》
마이클 로젠·헬렌 옥슨버리 글, 그림 | 시공주니어

《로지의 산책Rosie's Walk》 팻 허친스 글, 그림 | 더큰

《난 지구 반대편 나라로 가버릴 테야!Alexander and the Terrible Horrible No Good Very Bad Day》 주디스 바이올스트 글 | 레이 크루즈 그림 | 고슴도치

《원숭이랑 나랑Monkey and Me》 에밀리 그래벳 글, 그림 | 어린이작가정신

● **국내 미출간 도서**

《산책을 하러 갔다I Went Walking》 수 머친 글 | 줄리 비바스 그림

《복숭아 배 자두Each Peach Pear Plum》 자넷 앨버그·앨런 앨버그 글, 그림

《초록 달걀과 햄Green Eggs and Ham》 닥터 수스 글, 그림

《새끼 부엉이들Owl Babies》 마틴 워델 글 | 패트릭 벤슨 그림

《도날드슨 목장의 털복숭이 맥클레리Hairy McClary from Donaldson's Dariy》 린리 도드 글, 그림

《장난꾸러기 용Rascal the Dragon》 폴 제닝스 글 | 밥 리 그림

《웜뱃 스튜Wombat Stew》 마르샤 본 글 | 파멜라 로프트 그림

《닥터 수스의 ABCDr. Seuss's ABC》 닥터 수스 글, 그림

《코끼리와 심술궂은 아이The Elephant and the Bad Baby》 엘프리다 바이폰 글 | 레이먼드 브릭스 그림

어린이도서연구회
연령별 우리작가 추천 도서

● 1~3세

《냠냠냠 쪽쪽쪽》 문승연 글, 그림 | 길벗어린이

《도토리 삼 형제의 안녕하세요》 이현주 글, 그림 | 길벗어린이

《뒹굴뒹굴 짝짝》 백연희 글 | 주경호 그림 | 길벗어린이

《엄마랑 뽀뽀》 김동수 글, 그림 | 보림

《옷을 입자 짠짠》 정은정 글 | 박해남 그림 | 비룡소

《곰돌이 아기 그림책 1-3》 이진아 그림 | 이창호 사진 | 웅진주니어

《누구야?》 정순희 글, 그림 | 창비

《맛있는 그림책》 주경호 글, 그림 | 보림

《뭐 하니?》 유문조 글 | 최민오 그림 | 길벗어린이

《세밀화로 그린 보리 아기 그림책 1-5》 이태수 외 그림 | 보리

《수박을 쪼개면》 유문조 글, 그림 | 비룡소

《아빠하고 나하고》 유문조 글 | 유승하 그림 | 길벗어린이

《어디만큼 왔나?》 조은수 글 | 최나미 그림 | 웅진주니어

《열두 띠 동물 까꿍 놀이》 최숙희 글, 그림 | 보림

《응가 하자, 끙끙》 최민오 글, 그림 | 보림

《잘잘잘 123》 이억배 글, 그림 | 사계절

《코코코 해 보아요》 신용주 글 | 이진아 그림 | 사계절

《타세요 타세요》 홍진숙 글 | 강근영 그림 | 여우고개

《내 거야!》 정순희 글, 그림 | 창비

《노란 택시》 민정영 글, 그림 | 비룡소

《투둑 떨어진다》 심조원 글 | 김시영 그림 | 호박꽃

《누구야 누구》 심조원 글 | 권혁도 그림 | 보리

《동물 친구들은 밤에 뭐 해요》 이은숙 글, 그림 | 마루벌

《무엇이 무엇이 똑같을까?》 이미애 글 | 한병호 그림 | 보림

《손바닥 동물원》 한태희 글, 그림 | 예림당

《아침이야》 호박별 글 | 이진아 그림 | 시공주니어

《알, 알이 123》 최숙희 글, 그림 | 아이즐북스

《행복한 ㄱ ㄴ ㄷ》 최숙희 글, 그림 | 웅진주니어

● **4~7세**

《시계 탐정 123》 서영 글, 그림 | 책읽는곰

《맛있는 ㄱㄴㄷ》 김인경 글, 그림 | 길벗어린이

《아가야 울지 마》 오호선 글 | 유승하 그림 | 길벗어린이

《강아지와 염소 새끼》 권정생 글, 김병하 그림 | 창비

《쌍둥이는 너무 좋아》 염혜원 글, 그림 | 비룡소

《혹부리 영감과 도깨비》 오호선 글, 윤미숙 그림 | 길벗어린이

《달 샤베트》 백희나 글, 그림 | 책읽는곰

《파도야 놀자》 이수지 그림 | 비룡소

《가족 123》 정상경 글, 그림 | 초방책방

《기차 ㄱㄴㄷ》 박은영 글, 그림 | 비룡소

《도대체 그 동안 무슨 일이 일어났을까?》 이호백 글, 그림 | 재미마주

《빨간 끈으로 머리를 묶은 사자》 남주현 글, 그림 | 길벗어린이

《소리치자 가나다》 박정선 기획, 구성 | 백은희 그림 | 비룡소

《썰매를 타고》 정유정 글, 그림 | 사계절

《태극 1장》 윤봉선 글, 그림 | 여우고개

《달콤한 목욕》 김신화 외 5인 글, 그림 | 바람의아이들

《위를 봐요!》 정진호 글, 그림 | 은나팔

《바람이 살랑》 조미자 글, 그림 | 국민서관

《쨍아》 천정철 시 | 이광익 그림 | 창비

《개구쟁이 ㄱㄴㄷ》 이억배 글, 그림 | 사계절

《고양이》 현덕 글 | 이형진 그림 | 길벗어린이

《과자》 현덕 글 | 이형진 그림 | 소년한길

《구름빵》 백희나 글, 그림 | 김향수 사진 | 한솔수북

《노란 우산》 류재수 글, 그림 | 신동일 작곡 | 보림

《노래하는 볼돼지》 김영진 글, 그림 | 길벗어린이

《따르릉 따르릉》 조우영 글, 그림 | 사계절

《똥벼락》 김회경 글 | 조혜란 그림 | 사계절

《말썽꾸러기 또또》 김성은 글 | 한병호 그림 | 길벗어린이

《무지개》 문승연 글, 그림 | 길벗어린이

《비가 오는 날에》 이혜리 글, 그림 | 정병규 꾸밈 | 보림

《뽀끼뽀끼 숲의 도깨비》 이호백 글 | 임선영 그림 | 재미마주

《손 큰 할머니의 만두 만들기》 채인선 글 | 이억배 그림 | 재미마주

《아기너구리네 봄맞이》 권정생 글 | 송진헌 그림 | 길벗어린이

《아기오리 열두 마리는 너무 많아!》 채인선 글 | 유승하 그림 | 길벗어린이

《야, 비 온다》 이상교 글 | 이성표 그림 | 보림

《오늘은 무슨 날?》 정은정 글 | 홍성지 그림 | 비룡소

《우리는 벌거숭이 화가》 문승연 글 | 이수지 그림 | 길벗어린이

《움직이는 ㄱㄴㄷ》 이수지 글, 그림 | 길벗어린이

《준치 가시》 백석 시 | 김세현 그림 | 창비

《지하철은 달려온다》 신동준 글, 그림 | 초방책방

《지하철을 타고서》 고대영 글 | 김영진 그림 | 길벗어린이

《헤어드레서 민지》 정은희 글, 그림 | 상출판사

《수크를 찾습니다》 김은재 글, 그림 | 책읽는곰

《깜박깜박 도깨비》 권문희 글, 그림 | 사계절

《도깨비가 데려간 세 딸》 오호선 글 | 원혜영 그림 | 길벗어린이

《내 모자야》 임선영 글 | 김효은 그림 | 창비

《만희네 글자벌레》 권윤덕 글, 그림 | 길벗어린이

《삐딱이를 찾아라》 김태호 글 | 정현진 그림 | 비룡소

《우리 동네 한 바퀴》 정지윤 글, 그림 | 웅진주니어

《지옥탕》 손지희 글, 그림 | 책읽는곰

《감기 걸린 날》 김동수 글, 그림 | 보림

《강아지 똥》 권정생 글 | 정승각 그림 | 길벗어린이

《개구리네 한솥밥》 백석 글 | 강우근 그림 | 길벗어린이

《고양이는 나만 따라 해》 권윤덕 글, 그림 | 창비

《그림책 버스 뚜뚜》 조준영 글 | 윤정주 그림 | 사계절

《길 아저씨 손 아저씨》 권정생 글 | 김용철 그림 | 국민서관

《내 보물 1호 티노》 김영수 글, 그림 | 비룡소

《넉 점 반》 윤석중 시 | 이영경 그림 | 창비

《딸기 한 포기》 정유정 글, 그림 | 길벗어린이

《마법에 걸린 병》 고경숙 글, 그림 | 재미마주

《만희네 집》 권윤덕 글, 그림 | 길벗어린이

《바빠요 바빠》 윤구병 글 | 이태수 그림 | 보리

《봄이 오면》 박경진 글, 그림 | 길벗어린이

《용돈 주세요》 고대영 글 | 김영진 그림 | 길벗어린이

《우리 집에는 괴물이 우글우글》 홍인순 글 | 이혜리 그림 | 보림

《웅고와 분홍돌고래》 김한민 글, 그림 | 우리교육

《이모의 결혼식》 선현경 글, 그림 | 비룡소

《즐거운 비》 김향수 글 | 서세옥 그림 | 한솔수북

《지하철 바다》 황은아 글, 그림 | 마루벌

《참새》 조혜란 글, 그림 | 사계절

《심부름은 정말 싫어》 강정연 글 | 국지승 그림 | 사계절

● 8세 이상

《담》 지경애 글, 그림 | 반달

《엄마에게》 서진선 글, 그림 | 보림

《플라스틱 섬》 이명애 글, 그림 | 상출판사

《5대 가족》 고은 시 | 이억배 그림 | 바우솔

《뛰어라, 점프!》 하신하 글 | 안은진 그림 | 논장

《우리 집에 놀러 오세요》 송미경 글 | 윤진현 그림 | 웅진주니어

《하루와 미요》 임정자 글 | 박세영 그림 | 문학동네어린이

《냐옹이》 노석미 글, 그림 | 시공주니어

《별이 되고 싶어》 이민희 글, 그림 | 창비

《엄마 까투리》 권정생 글 | 김세현 그림 | 낮은산

《일과 도구》 권윤덕 글, 그림 | 길벗어린이

《징금 징금 징금이》 일노래 | 윤정주 그림 | 창비

《대별왕 소별왕》 한태희 글, 그림 | 한림

《오러와 오도》 이영경 글, 그림 | 길벗어린이

《이야기는 이야기》 박영만 원작 | 안미란 글 | 오승민 그림 | 사파리

《노래기야 춤춰라!》 채인선 글 | 김은정 그림 | 논장

《우리 아빠, 숲의 거인》 위기철 글 | 이희재 그림 | 사계절

《쥐똥 선물》 김리리 글 | 김이랑 그림 | 비룡소

《학교놀이》 권정생 글 | 윤정주 그림 | 산하

《고조선 건국신화》 조현설 글 | 원혜영 그림 | 한겨레아이들

《눈물바다》 서현 글, 그림 | 사계절

《뒷집 준범이》 이혜란 글, 그림 | 보림

《백만 년 동안 절대 말 안 해》 허은미 글 | 김진화 그림 | 웅진주니어

《세 엄마 이야기》 신혜원 글, 그림 | 사계절

《장난감 병정의 사랑》 안데르센 원작 | 고경숙 글, 그림 | 재미마주

《책청소부 소소》 노인경 글, 그림 | 문학동네어린이

《할머니, 어디가요? 쑥 뜯으러 간다!》 조혜란 글, 그림 | 보리

《말하는 꾀꼬리와 춤추는 소나무》 강소희 글, 그림 | 사계절

《방귀쟁이 며느리》 신세정 글, 그림 | 사계절

《복 타러 간 총각》 정해왕 글 | 한병호 그림 | 보림

《장수 되는 물》 박영만 원작 | 이미애 글 | 이광익 그림 | 권혁래 감수 | 사파리

《검은 새》 이수지 글, 그림 | 길벗어린이

《내 동생 김점박》 김정선 글, 그림 | 예림당

《눈 다래끼 팔아요》 이춘희 글 | 신민재 그림 | 임재해 감수 | 사파리

《대머리 사막》 박경진 글, 그림 | 미세기

《망태 할아버지가 온다》 박연철 글, 그림 | 시공주니어

《모기와 황소》 현동염 글 | 이억배 그림 | 길벗어린이

《솔이의 추석 이야기》 이억배 글, 그림 | 길벗어린이

《숲으로 간 코끼리》 하재경 글, 그림 | 보림

《아빠와 아들》 고대영 글 | 한상언 그림 | 길벗어린이

《어처구니 이야기》 박연철 글, 그림 | 비룡소

《영이의 비닐우산》 윤동재 시 | 김재홍 그림 | 창비

《오소리네 집 꽃밭》 권정생 글 | 정승각 그림 | 길벗어린이

《일어날까, 말까?》 김고은 글, 그림 | 비룡소

《지하 정원》 조선경 글, 그림 | 보림

《황소 아저씨》 권정생 글 | 정승각 그림 | 길벗어린이

《고얀 놈 혼내 주기》 김기정 글 | 심은숙 그림 | 시공주니어

《귀머거리 너구리와 백석 동화나라》 백석 글 | 이수지 그림 | 웅진주니어

《그래도 나는 누나가 좋아》 강무홍 글 | 김이랑 그림 | 논장

《나도 편식할 거야》 유은실 글 | 설은영 그림 | 사계절

《내일 또 만나》 안미란 글 | 김명진 그림 | 우리교육

《너하고 안 놀아》 현덕 글 | 송진헌 그림 | 원종찬 엮음 | 창비

《달걀 한 개》 박선미 글 | 조혜란 그림 | 보리

《멍청한 두덕 씨와 왕도둑》 김기정 글 | 허구 그림 | 미세기

《무지무지 힘이 세고, 대단히 똑똑하고, 아주아주 용감한 당글공주》 임정자 글 | 강을순 그림 | 우리교육

《뻥이오, 뻥》 김리리 글 | 오정택 그림 | 문학동네어린이

《신발 속에 사는 악어》 위기철 글 | 안미영 그림 | 사계절

《악어 우리나》 채인선 글 | 안은진 그림 | 논장

《엄마 없는 날》 이원수 글 | 권문희 외 그림 | 웅진주니어

《여름이와 가을이》 김양미 글 | 정문주 그림 | 사계절

《우체통과 이주홍 동화나라》 이주홍 글 | 김동성 그림 | 웅진주니어

《잘한다 오광명》 송언 글 | 윤정주 그림 | 문학동네어린이

《진짜진짜 비밀이야》 김리리 글 | 한지예 그림 | 다림

《천방지축 개구리의 세상 구경》 임정진 글 | 김유대 그림 | 달리

《톡톡 할아버지》 이주홍 글 | 권문희 그림 | 우리교육

《학교 가는 길을 개척할 거야》 박효미 글 | 김진화 그림 | 사계절

《학교에 간 개돌이》 김옥 글 | 권문희·김유대·최재은 그림 | 창비

《할머니 집에서》 이영득 글 | 김동수 그림 | 보림

《훈이 석이》 오시은 글 | 박정섭 그림 | 문학동네어린이

하루 10분 책 육아

1판 1쇄 발행   2015년 11월 1일
1판 8쇄 발행   2022년 2월 21일

지은이   멤 폭스
옮긴이   신예용
펴낸이   유성권

펴낸곳   ㈜이퍼블릭
출판등록 1970년 7월 28일, 제1-170호
주소   서울시 양천구 목동서로 211 범문빌딩 (07995)
대표전화 02-2653-5131 | 팩스 02-2653-2455
메일   loginbook@epublic.co.kr
포스트   post.naver.com/epubliclogin
홈페이지 www.loginbook.com

- 이 책은 저작권법에 따라 보호받는 저작물이므로 무단전재와 복제를 금지하며, 이 책 내용의 전부 또는 일부를 이용하려면 반드시 저작권자와 ㈜이퍼블릭의 서면 동의를 받아야 합니다.
- 잘못된 책은 구입처에서 교환해 드립니다.
- 책값과 ISBN은 뒤표지에 있습니다.

로그인은 ㈜이퍼블릭의 실용서 브랜드입니다.